AF296693

TRAITÉ

DES

CHASSES AUX PIÉGES.

Les contrefacteurs seront poursuivis selon toute
la rigueur de la loi.

Extrait du Code pénal.

Art. 425. Toute édition d'écrits, de composition musicale, de
dessin, de peinture ou de toute autre production, imprimée ou gravée
EN ENTIER OU EN PARTIE, au mépris des lois et règlemens
relatifs à la propriété des auteurs, est une contrefaçon; et toute contrefaçon est un délit.

Art. 427. La peine contre le contrefacteur, ou contre l'introducteur, sera une amende de cent francs au moins et de deux mille francs
au plus; et contre le débitant, une amende de vingt-cinq francs au
moins et de cinq cents francs au plus.

La confiscation de l'édition contrefaite sera prononcée tant contre
le contrefacteur que contre l'introducteur et le débitant.

Les planches, moules ou matrices des objets contrefaits seront aussi
confisqués.

PARIS. — IMPRIMERIE DE RIGNOUX,
rue des Francs-Bourgeois-S.-Michel, n° 8.

CHASSE DES PERDRIX A LA TIRASSE.

TRAITÉ

DES

CHASSES AUX PIÉGES.

CONTENANT

LA MANIÈRE DE PRENDRE LES LIÈVRES, LES LAPINS ET LES OISEAUX DE
TOUTE ESPÈCE, ET DE FABRIQUER LES PIÉGES ET USTENSILES.

PAR KRESZ AÎNÉ.

DEUXIÈME ÉDITION,

Ornée de 59 planches gravées.

TOME PREMIER.

A PARIS,

Chez l'AUTEUR, fabricant d'ustensiles de chasse et de pêche,
quai de la Mégisserie, n° 34;

Et chez AUDOT, libraire-éditeur, rue des Maçons-Sorbonne, n° 11.

1829.

BIBLIOTHÈQUE ROYALE

INTRODUCTION.

~~~~~~~~~~

Simples et paisibles, les chasses aux piéges ne font pas retentir les campagnes des sons du cor, et des cris tumultueux des piqueurs et des chiens; elles n'enseignent point à attaquer dans leur retraite les sauvages habitans des bois; la ruse chez elles remplace la force, et le silence préside à leurs opérations.

Nous ne rechercherons point l'origine des moyens qu'elles conseillent; nés de nos besoins, ils sont pour la plupart aussi vieux que le monde; mais, d'abord imparfaits, ils ont subi le sort de tous les produits de notre industrie, et se sont perfectionnés avec nos connaissances et les observations que l'expérience a confirmées sur les mœurs et les habitudes des animaux. Nous n'examinerons pas non plus si les chasses aux piéges ont précédé ou suivi les grandes chasses, quoique l'affirmative paraisse peu douteuse; mais, rivales modestes de leurs sœurs, elles n'ont point à envier leur pompe; c'est au plus grand nombre qu'elles offrent des plaisirs, et cet avantage leur suffit.

Long-temps, cependant, on les a regardées comme indignes d'occuper nos loisirs, et on en laissait l'exercice aux campagnards qui s'y amusaient, et aux

"
~~~~~~~~~~

braconniers qui en tiraient de grands profits; on est enfin revenu de cette injuste prévention, et maintenant elles comptent un grand nombre d'amateurs. En effet, quelle occupation plus agréable et d'une exécution plus facile peut-on trouver à la campagne ; c'est par elles que nous peuplons nos volières des chantres des forêts. Les sciences naturelles leur ont des obligations; car combien de descriptions seraient encore imparfaites, si un piége n'avait pas mis vivant au pouvoir du naturaliste l'animal qu'il voulait faire connaître. Elles ont aussi augmenté nos richesses en peuplant nos basses-cours, pour avoir su nous livrer les espèces que nous avons soumises à la domesticité. Il est enfin des occasions où les piéges sont les seuls moyens à employer.

Si les succès que promettent ces sortes de chasses donnent une gloire moins éclatante, en revanche elles causent peu de fatigues, presque point de dépenses, et les plaisirs qu'elles procurent sont plus purs et moins barbares.

Le *Traité des Chasses aux Piéges*, complément nécessaire du *Traité général des Chasses*, est divisé en deux parties. La première fait connaître tous les piéges et ustensiles qui composent l'arsenal de l'amateur; la seconde, l'histoire des diverses espèces d'oiseaux, et la manière de les prendre aux piéges, ainsi que les lièvres et les lapins.

Nous venons de dire que ce traité devait être le complément du *Traité général des Chasses*, et en effet ces deux ouvrages sont inséparables.

Les grands propriétaires auxquels ce dernier convient particulièrement, ont un égal besoin de celui-ci. Nous pouvons citer pour exemple le cas où ils élèveraient des faisans et des perdrix; ils sont obligés de recourir aux piéges, soit pour prendre ces oiseaux pour la ponte, soit pour diminuer le nombre de coqs lorsqu'il excède les besoins de la population. C'est encore par eux qu'ils feront aux animaux nuisibles la guerre la plus sûre, surtout à ces brigands de nuit qui attendent l'obscurité pour attaquer leur proie endormie; enfin, en apprenant à connaître les ruses des braconniers, ils s'instruiront en même temps des moyens de les rendre inutiles, car nous nous sommes attachés dans cet ouvrage à indiquer les ressources que l'on a contre eux.

Quant aux amateurs des chasses aux piéges, nous n'avons rien négligé pour leur rendre cet ouvrage aussi utile que possible, et nous espérons qu'il remplira leur attente.

On trouve chez le même libraire

LE TRAITÉ GÉNÉRAL

DES

CHASSES

A COURRE ET A TIR:

CONTENANT

Des principes sûrs pour la propagation du gibier et la destruction des animaux nuisibles ; un précis de la législation ; la meilleure méthode de dresser et soigner les chevaux et chiens de chasse ; des observations importantes sur le choix et l'usage du fusil, et enfin l'histoire naturelle des animaux qui se trouvent en France et la manière de les chasser : suivi d'un Vocabulaire explicatif des termes usités par les chasseurs, et des nouvelles fanfares que l'on sonne en chasse.

ORNÉ DE TRENTE-SIX PLANCHES; OUVRAGE ENTIÈREMENT NEUF.

PAR UNE SOCIÉTÉ DE CHASSEURS,

ET DIRIGÉ PAR M. JOURDAIN, INSPECTEUR DES FORÊTS ET DES CHASSES DU ROI ;

DÉDIÉ A MONSIEUR LE LIEUTENANT-GÉNÉRAL COMTE DE GIRARDIN, PREMIER VENEUR DE LA COURONNE.

2 vol. in-8° : prix broc. 20 f. et 22 f. 50 c. par la poste.

TRAITÉ

DES

CHASSES AUX PIÉGES.

PREMIÈRE PARTIE.

DESCRIPTION DES PIÉGES ET USTENSILES.

LE propriétaire qui passe sa vie à la campagne, et qui veut amuser les nombreux loisirs qui lui laissent des occupations plus importantes, trouvera, dans les différentes méthodes que nous allons indiquer, une récréation agréable et paisible, et qui lui procurera quelques douces jouissances; l'amateur pour qui la chasse est un objet important, et qui, par conséquent, sera intéressé à la conservation du gibier sur ses terres, apprendra dans cet ouvrage à connaître les moyens employés par les braconniers, et les ressources qu'il a pour s'en garantir; c'est donc dans ce double but d'utilité que nous allons décrire les piéges connus et leurs usages.

CHAPITRE PREMIER.

DES FILETS.

LES filets sont d'un usage fréquent et productif; comme l'économie doit être la première règle à observer, et que souvent l'amateur placé à de grandes distances des villes ne peut pas se les procurer facilement, nous avons cru devoir faire connaître aussi succinctement que possible les procédés de fabrication, et, ce qui n'est pas moins utile, les moyens de les réparer; nous donnerons ensuite la description des filets suivant leur destination, et la manière de les garnir des différentes pièces nécessaires à leur usage.

SECTION Ire.—DE LA FABRICATION DES FILETS.

§. 1. *Connaissances préliminaires.*

Il faut d'abord se procurer des aiguilles semblables à celles que représentent les fig. 1 et 2, pl. Ire. Celle fig. 1re est destinée à lacer ou mailler les filets; elle doit avoir de neuf à dix pouces de longueur, sur quatre lignes environ d'épaisseur. Celle fig. 2 s'emploie pour les raccommoder, elle n'a que six à sept pouces de long.

On les fait d'un bois léger, tel que le coudrier, le saule ou le fusain. Une des extrémités se termine en pointe, formant un angle aigu; la pointe et les angles en sont lisses et arrondis, pour qu'aucune arrête ne puisse accrocher le fil.

Elles sont évidées à jour au point marqué *c*, *d*, fig. 1re, dans une longueur de deux pouces et demi à trois pouces, suivant la grandeur de l'aiguille, et au milieu est ménagée une baguette *l*, appelée *languette*, qui monte aux deux tiers de l'échancrure. On la fait quelquefois en fer. L'extrémité *b* de l'aiguille opposée à celle où est la partie évidée, est entaillée d'environ un quart de pouce, et cette entaille se nomme *coche* ou *talon*.

Pour donner aux mailles une grandeur uniforme, on se sert d'un moule. Il en faut plusieurs et de différente gros-

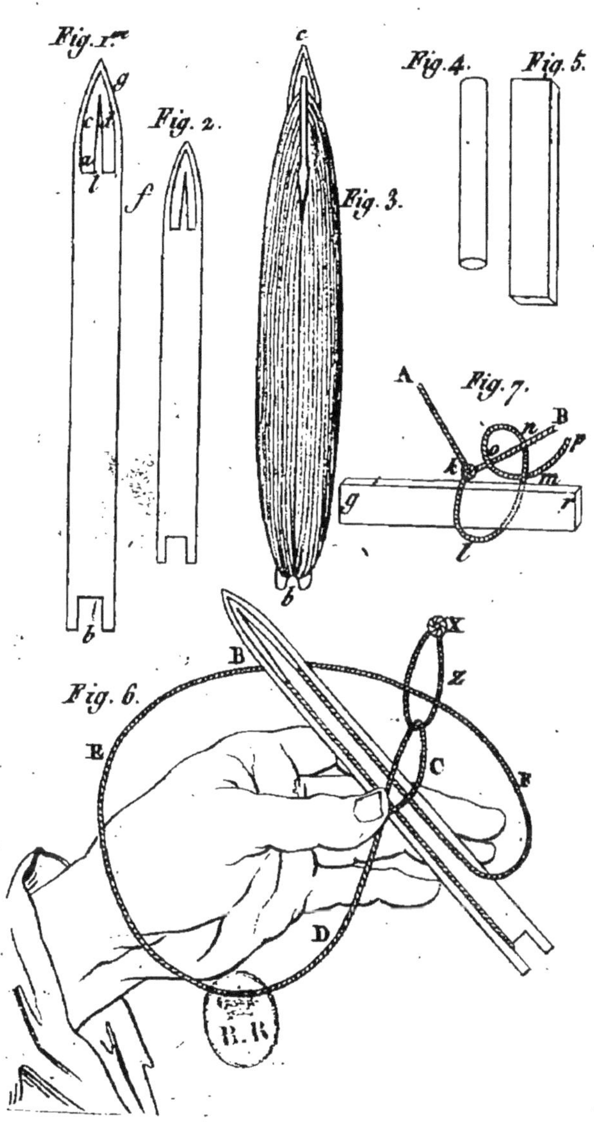

Pl. I.
T. 1.ᵉʳ Page 2.
Fig. 1.ᵉ
g
c
a
l
Fig. 2.
f
c
Fig. 3.
Fig. 4.
Fig. 5.
A
Fig. 7.
n
B
o
p
k
m
g
r
l
b
B
X
Z
Fig. 6.
E
C
F
D
B. R.

Filets.

seur. Pour les mailles qui ont peu d'ouverture, on se sert d'un moule rond, fig. 4, pl. Ire, et pour les grandes mailles on en emploie un carré, fig. 5, pl. Ire. Le premier a trois ou quatre lignes de diamètre, et se fait d'un bois léger. Le second a un diamètre plus grand, et sa forme carrée le rend plus commode à maintenir entre le pouce et le doigt index de la main gauche. On fait quelquefois faire au fil deux fois le tour du moule pour chaque maille; cette méthode empêche de se servir d'un moule trop gros que l'on tiendrait difficilement entre les doigts. Mais il est encore plus simple de se servir, pour faire de grandes mailles, d'une règle plate dont on proportionne la largeur à la dimension à donner aux mailles.

La circonférence des mailles est naturellement égale à celle du moule sur lequel elles sont faites, et le quart de la circonférence de ce moule donne la longueur d'un des côtés de la maille. D'après cela il est aisé de proportionner le moule à la grandeur que l'on veut donner à la maille.

On se sert encore d'un morceau de bois nommé *valet*. Il a un crochet à chacun de ses bouts. L'un est accroché dans une corde suspendue à la portée de celui qui travaille; l'autre est engagé dans la première maille du filet.

Enfin une paire de ciseaux complète les outils nécessaires à un mailleur.

On fait, pour la chasse, des filets en fil, en cordonnet ou ficelle, et en soie.

Quelque fin qu'on veuille faire un filet, on n'y emploie jamais de fil simple; c'est toujours d'un fil bien retors dont on fait usage. On en trouve dans le commerce comme il convient; mais il faut toujours le choisir uni, suffisamment tors sans l'être trop, parce qu'alors il manque de force.

La qualité des fils le plus généralement employés est désignée dans le commerce sous le nom de *fil en trois*; il y en a de grosseurs très-variées, que l'on distingue par un numéro. Au reste, nous indiquerons à chaque espèce de filets le fil qu'il est le plus convenable d'employer à sa fabrication.

On fait quelques filets avec du cordonnet ou de la ficelle. Ce cordonnet doit être tors dans un sens opposé à celui où l'on tord les ficelles ordinaires. On évite par ce moyen qu'il se replie sur lui-même pendant le travail.

Quant à la soie, on ne fait usage que de la *gallette* moyenne et grosse. C'est principalement à la confection de quelques filets pour oiseaux, qu'on l'emploie. Cette matière présente l'avantage de réunir à une grande étendue la force et la légèreté.

Pour *charger*, *emplir*, ou *couvrir l'aiguille*, on prend un peloton de fil ou de soie, et on en met le bout *a* sur l'aiguille au point marqué *l*, posant le pouce de la main gauche dessus, et tenant le reste du fil *f* de la main droite. On l'engage dans l'ouverture *c, d*, pour lui faire faire deux tours sur la languette. On descend le fil pour l'engager dans la coche *b*; et, tournant l'aiguille de l'autre côté, on remonte le fil le long de cette aiguille pour l'engager de nouveau dans l'ouverture *c, d*, puis encore dans la coche, et ainsi de suite jusqu'à ce qu'elle soit suffisamment chargée comme celle *c, b*, fig. 3, pl. I, p. 2.

Toutes les fois que l'on voudra passer le fil sur le tenon, il faudra le pousser avec le pouce, la pointe sortira et présentera la facilité de l'engager sans le mettre en double.

Quelques personnes préfèrent tourner l'aiguille de la main gauche plutôt que de remonter le fil; tantôt devant, tantôt derrière.

Afin de nous entendre dans la suite, nous allons donner l'explication des principaux termes usités dans la fabrication des filets.

La *levure* d'un filet est le premier rang de mailles ou demi-mailles, par lesquelles on le commence; *lever* un filet, c'est en former la levure; *poursuivre* un filet, c'est continuer à former les mailles.

On nomme *accrues* des boucles qu'on fait servir de mailles pour donner plus d'étendue au filet, et *rappetisses* lorsque l'on prend deux fils dans le même nœud pour diminuer la largeur du filet.

Les *mailles doubles* sont celles que l'on forme en mettant sur le moule deux fils au lieu d'un, ce qui fournit le moyen de détacher un filet d'un autre.

Enlarmer un filet, c'est le border d'une espèce de lisière formée de mailles plus ou moins grandes, faites avec de la ficelle; ces mailles, qui ne sont qu'une fois plus grandes que celles du filet, ne servent qu'à le fortifier; d'autres sont très-grandes, et on y fait passer une corde, comme une tringle dans les anneaux d'un rideau.

Border un filet, c'est l'entourer d'une corde qu'on attache au filet, de trois en trois pouces, avec du bon fil retors; cette corde sert à le fortifier.

Coudre un filet, c'est en joindre deux ou plusieurs ensemble pour en faire un grand.

Monter un filet, c'est le garnir de ses cordes, piquets, perches, etc., pour le rendre propre au service auquel on le destine.

§. 2. *Des différentes mailles.*

On fait deux sortes de mailles; les unes sont carrées, les autres forment un losange.

Quand un filet à mailles carrées est tendu, tous les fils sont parallèles entre eux dans tous les sens, ils représentent un damier.

Dans un filet tendu, à mailles en losange, les fils, quoique parallèles entre eux, ont une direction oblique vers la tête; les angles aigus des mailles sont tournés haut et bas, et les angles obtus vers les parties latérales du filet.

Il y a deux manières de former les nœuds qui fixent les mailles; l'une se nomme *dessus le pouce*; on l'emploie pour les grandes mailles des aumées et pour les rhabillages; l'autre est nommée *sous le petit doigt*, et sert pour toutes les espèces de filets. Celui-ci offre l'avantage d'être expéditif, fort assuré, et de rendre la maille régulière.

La grandeur des mailles variant suivant l'espèce du filet que l'on se propose de faire, on choisit un moule proportionné et une aiguille chargée de fil ou de soie plus ou moins gros en raison du filet.

Pour faire le nœud sur le pouce, fig. 6, pl. Ire, p. 2; il faut passer dans un clou à crochet X un bout de ficelle, qu'on noue pour en faire une anse Z; on passe dans cette anse le fil avec lequel on veut faire le filet; on forme avec ce fil un nœud simple C, qu'on ne serre pas jusqu'auprès de l'anse Z, mais que l'on arrête à une distance proportionnée à la grandeur qu'on veut donner aux mailles ou demi-mailles par lesquelles on commence le filet.

Supposant que les fils A et B, fig. 7, pl. Ire, sont ceux qui, rapprochés, formeraient l'anse Z de la fig. 6, on pose le moule *g, r,* sous l'angle produit par la réunion de ces deux fils; on serre, entre le doigt index et le moule, le bout du fil qu'on a passé dans l'anse; on entoure le moule par le fil, en lui faisant décrire le cercle marqué *k, l, m.* On le passe alors sous le fil B, au point marqué *n*; ensuite par-dessus, au point marqué *o*; puis par-dessous lui-même en *m*, tirant enfin de bout *p*, le nœud simple se trouve fait; mais il ne suffit pas pour arrêter la maille; il faut qu'il soit assuré par un second nœud, et c'est celui qu'on nomme *sur le pouce*.

On saisit le nœud simple entre le pouce et l'index de la

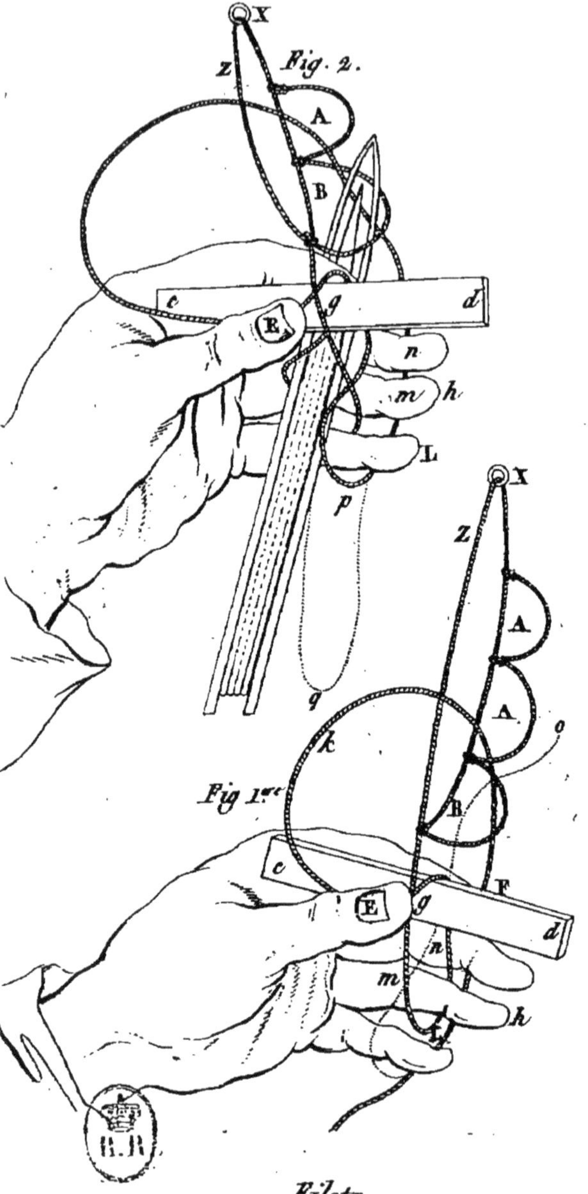
X
z
Fig. 2.
A
B
c
g
d
E
n
m h
L
p
q
X
z
A
A
o
k
B
F
Fig. 1.re
c
E
g
d
n
m
h
R.R
Filets.

main gauche, comme on le voit auprès de C, fig. 6; avec la main droite, on prend le reste du fil, ou l'aiguille qui en est chargée; on le fait passer par-dessus le pouce de la main gauche, lui faisant décrire la révolution indiquée par D, E, B, F, qui doit passer par-dessus l'anse Z. On le ramène ensuite vers C, à l'extrémité du pouce gauche; puis passant l'aiguille dessous les deux branches de la demi-maille C, on l'introduit dans l'anse E, B, F, de sorte que le point B de cette anse se trouve dessous l'extrémité de l'aiguille. Alors, tenant toujours le nœud bien ferme entre le pouce et le doigt index de la main gauche, ainsi que la portion D du fil qui y répond, et tirant sur l'anse Z et la demi-maille C, de manière à les faire tendre, on finit le nœud en tirant l'aiguille à soi. Pour que ce nœud dit *sur le pouce* soit bien arrêté, il faut qu'il le soit sur le nœud simple; s'il était formé dessous, ce qui arrive quand on néglige de serrer fortement ce dernier entre le pouce et l'index, il ne serait pas solidement arrêté, et ne vaudrait rien. Ce nœud, ainsi qu'on a pu le remarquer, prend son nom de la grande révolution D, E, B, F, qui enveloppe le pouce.

Pour faire le nœud *sous le petit doigt*, fig. 1re, pl. II, où l'on a supposé les demi-mailles A, A, B, déjà faites, on tient le moule *c d* entre le pouce E et le doigt index F de la main gauche, de manière que l'extrémité *c* du moule s'appuie contre le pli formé à l'articulation du pouce avec la main, et que l'autre extrémité *d* dépasse un peu le doigt index F.

Que le moule soit rond ou plat, il doit être placé fort près des nœuds des demi-mailles ou des mailles formées en premier lieu.

Supposant donc le moule saisi, comme le représente la fig. 1re, on passe d'abord le fil par-dessus le moule, et on le maintient avec le pouce; détachant ensuite le quatrième doigt *h*, en le portant un peu en avant, on descend le fil vers L pour le passer devant ce quatrième doigt ; puis on le remonte derrière ce doigt seulement, en le faisant passer entre le moule et l'index ; on le rabat alors sur le moule, en l'engageant, entre ce dernier et le pouce, au point marqué g. Alors lui faisant décrire la ligne circulaire indiquée par c, k, F, en passant dessus l'anse de corde Z, et les demi-mailles A, A, B, on le conduit derrière tous les doigts pour le passer sous le petit doigt L.

On a tracé sur la fig. 1re, par une ligne ponctuée, la route que le fil doit tenir pour achever le nœud. Comme on a omis exprès de représenter l'aiguille dans cette fig. 1re, on aperçoit mieux les différens contours du fil, et l'on voit que la ligne ponctuée, en remontant, passe en m sous la branche du fil qui est près de cette lettre ; en n sur l'autre branche de ce fil, ensuite par derrière l'index, et va traverser la demi-maille B. Alors, en tirant le bout o du fil, on dégage le doigt h de l'anse mn, et les autres doigts du fil qui les entoure ; et, conduisant le nœud tout près du moule par le petit doigt L, on le dégage à son tour lorsqu'il touche au moule ; on serre fortement le nœud sur le bord supérieur de ce moule, et l'opération est ainsi achevée.

Nous allons tâcher de rendre encore plus clair ce qui vient d'être dit. Après avoir, suivant la fig. 1re, pl. II, passé le fil sur le moule, entre ce dernier et l'extrémité du pouce en g, et, pour le tourner autour du quatrième doigt h, lui avoir fait faire la révolution g, m, n, et enfin après l'avoir conduit derrière le moule, on le rabat vers g, sous le pouce qui doit le tenir ferme ; de là on le mène, entre le pouce et le moule, vers c ; ensuite on lui fait décrire, par-dessus l'anse de corde Z et les demi-mailles A, A, B, la grande révolution c, k, F ; puis il descend derrière le moule et tous les doigts, pour embrasser le petit doigt L ; alors on remonte le fil par-dessous celui m, et on le passe sur la branche n,

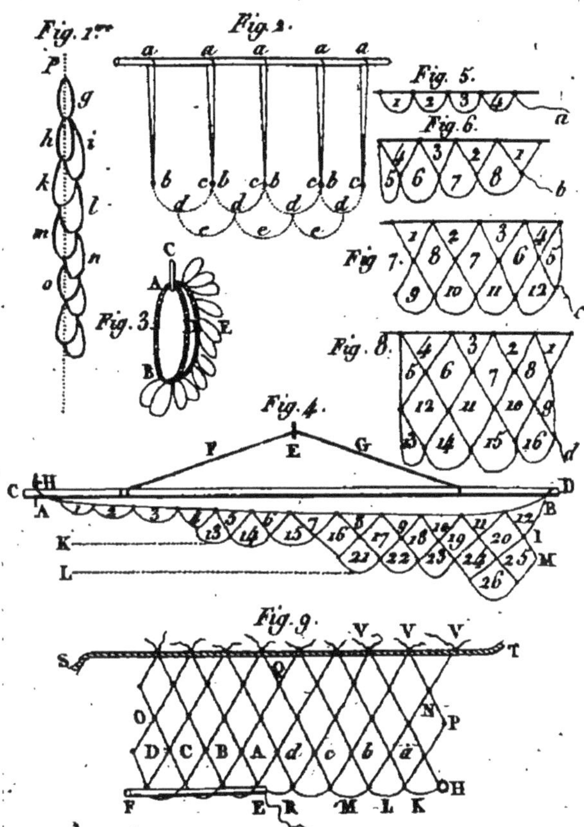

Fig. 1ʳᵉ
Fig. 2.
Fig. 5.
Fig. 6.
Fig. 7.
Fig. 8.
Fig. 3.
Fig. 4.
Fig. 9.

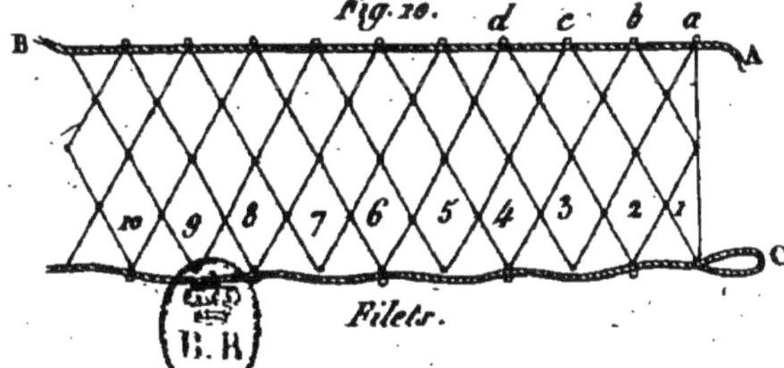

Fig. 10.
Filets.

en suivant le contour indiqué par la ligne ponctuée, fig. 1re; puis derrière l'index et au travers de la demi-maille B, pour le conduire en *o*.

L'aiguille représentée dans la fig. 2, pl. II, est nécessaire pour faire passer le fil par la route que l'on vient d'indiquer, et qui est marquée par les mêmes lettres, dans les figures 1 et 2.

Au moment où l'aiguille sort de la demi-maille B, on dégage promptement les doigts de l'anse *m*, *n*, fig. 2; le pouce et l'index tiennent le moule fixe, et font tendre la demi-maille B, condition nécessaire pour que le nœud soit bien formé; le petit doigt L, qui demeure seul entouré du fil, s'élève avec lui jusqu'auprès du moule; et se dégage du fil à l'instant de serrer le nœud, ce qui s'exécute en tirant le bout *o* du fil, fig. 1, qu'on suppose toujours tenir à l'aiguille.

Il est bon d'observer que, pour donner à l'aiguille la facilité de passer dans les révolutions du fil, on tient l'anse *p* fort longue, comme l'indique la ligne ponctuée *q* de la fig. 2, pl. II, et qu'elle ne joint le petit doigt qu'au moment où on a tiré l'aiguille hors de la maille B.

Nous avons dit plus haut qu'il y avait deux sortes de mailles; les mailles qui forment le losange et celles qui sont carrées. Il faut expliquer séparément la manière de les faire.

§. 3. *De la fabrication des filets à mailles en losange.*

On commence par faire la levure d'un nombre de demi-mailles suffisant pour former la tête du filet.

On suit plusieurs méthodes à cet égard; les uns, ayant fait une anse de ficelle *g*, fig. 1re, pl. III, la passent dans un crochet, et y attachent, par un nœud simple, le fil dont ils doivent faire le filet; puis plaçant le moule sous le nœud qui termine l'anse *g*, ils font la maille *h*, ils retirent le moule de cette maille, le posent dessous, et font la maille *i* dont les branches sont d'inégale longueur, ainsi que toutes les autres jusqu'au bout de la levure; ils tirent ensuite le moule de la maille *i*, pour le placer dessous et faire la maille *k*; ils font de même, et successivement les mailles *l*, *m*, *n*, *o*, etc. Comme on doit tirer fortement sur les mailles que l'on fait, elles sont fermées, et les fils sont rapprochés tout près les uns des autres; cependant on les a représentés un peu écartés, pour que l'on pût se faire une idée de la forme que les mailles prennent; d'ailleurs on ne fait usage de cette levure qu'en ouvrant les mailles, et passant une ficelle dans celles qui sont cotées *h*, *k*, *m*, *o*, ce qui est représenté par la ligne ponctuée *p*, *q*; mais comme la levure qu'on vient de former se raccourcit à près de moitié, lorsqu'on ouvre les mailles, il faut la faire une fois plus longue que le doit être la tête du filet; si cette tête doit avoir quatre pieds de longueur, il faut que la levure en ait huit.

C'est sur les mailles *i*, *l*, *n*, etc., qu'on attache les mailles qui doivent former le filet.

D'autres commencent leurs filets par certaines anses, qu'ils nomment des *pigeons*; ces pigeons *a*, *a*, *a*, fig. 2, pl. III, sont de grandes anses arrêtées en *b* par un nœud sur le pouce; on doit avoir l'attention d'écarter les nœuds *b* de la valeur d'une demi-maille *c*, *b*, pour que les demi-mailles, *e*, *e*, *e*, qu'on fera dans la suite, s'attachent en *d*, au milieu des espaces *c*, *b*. On ne se sert point de moule pour faire les pigeons, non plus que les demi-mailles *d*; pour les tenir d'une longueur pareille, et que les intervalles *c*, *b* soient égaux entre eux, on passe les doigts de la main gauche entre les pigeons, et, en appuyant dessus, on arrête tous les nœuds à la même hauteur.

Les demi-mailles *d* étant faites, on continue à travailler le filet sur un moule, comme on l'a vu plus haut.

D'autres encore font d'abord une anse de corde A, B, fig. 3, pl. III, p. 9, qui est formée de trois branches, dont deux servent à arrêter cette anse dans le crochet *c*, et c'est sur la 3ᵉ branche D qu'ils font les demi-mailles E en assez grand nombre pour en garnir toute la longueur de la tête du filet.

La fig. 4, pl. III, est destinée à rendre plus sensible l'opération au moyen de laquelle on établit la levure d'un filet. Nous supposons qu'on forme toutes les demi-mailles qui doivent la composer, sur la corde A B, qui est tendue sur une règle de bois C D, suspendue en équilibre par des cordes F G, au crochet E, afin de pouvoir aisément tourner le filet à toutes les rangées, ce qui est nécessaire.

Ayant fait la fausse maille H, dans laquelle passe une cheville, et qui sert à arrêter les demi-mailles qu'on fait ensuite sur toute la longueur de la corde A B, comme sont celles numerotées 1, 2, 3, etc., on garnit cette corde de demi-mailles depuis A jusqu'à B.

Ces demi-mailles, qui sont faites sur un moule, sont arrondies par en bas, ainsi qu'on le voit par celles 1, 2 et 3; mais aussitôt qu'on formera les mailles semblables à 13, 14, 15, etc., qui s'attachent au milieu des demi-mailles 4, 5, 6, elles deviendront triangulaires, comme le sont les suivantes, depuis 4 jusqu'à 12; de même, les mailles 13, 14 et 15, qui sont arrondies par en bas, deviendront angu-leuses, et formeront des losanges semblables à 16, 17, 18, etc., quand on aura fait le second rang de mailles, qui n'est marqué ici que depuis 21 jusqu'à 25. Il est clair qu'en continuant de travailler les autres rangs de mailles, comme il vient d'être dit, on fera toute l'étendue du filet en mailles losangées.

Mais il est bon de faire remarquer qu'on fait toujours les mailles de gauche à droite. Ainsi, quand une rangée est faite dans toute la largeur du filet, on doit le retourner pour revenir sur ses pas et faire la seconde rangée toujours de gauche à droite; et ainsi de suite jusqu'à ce que le filet soit achevé.

Pour exécuter ce travail, quand on a fait la levure ou le premier rang de demi-mailles dans toute l'étendue que doit avoir la tête du filet, depuis A jusqu'à B, ou depuis 1 jusqu'à 12, il faut retourner le filet de sorte que A soit du côté de la main droite, et B du côté de la main gauche, pour faire le premier rang de mailles, commençant ce rang par le bout I, qui alors est du côté de la main gauche, et le finissant par le bout K, qui, lorsque le filet est retourné, se trouve du côté de la main droite. Quand cette rangée I, K est finie, on retourne le filet pour commencer la troisième rangée par le bout L, qui, alors, sera du côté de la main gauche, et le finir par le bout M, qui répondra à la main droite.

Les fig. 5, 6, 7, 8, de la planche III, p. 9, sont destinées à faire comprendre cette opération. A la fig. 5, les demi-mailles qui forment la levure sont faites suivant l'ordre des chiffres 1, 2, 3, 4; en *a* est le bout du fil, qui sert à faire la seconde rangée représentée par la fig. 6, où le filet ayant été retourné, le n° 4 est du côté de la gauche; avec le fil *a* de la fig. 5, on fait les mailles 5 à 8; *b* indique le fil qui reste pour faire la rangée suivante, et on voit que les mailles 1, 2, 3, et 4, qui étaient rondes par en bas, sont devenues triangulaires.

La fig. 7 représente le filet retourné, pour faire la maille 9 qui a ses deux branches inégales, ensuite les mailles 10, 11 et 12; *c* est le fil qui reste pour faire la rangée suivante quand on aura retourné le filet; et l'on peut remarquer que les mailles 5, 6, 7 et 8, qui étaient arrondies par en bas à la fig. 6, sont anguleuses dans la fig. 7 ; et qu'elles forment des losanges réguliers ; quand on a retourné le filet, comme on le voit dans la fig. 8, on fait la maille 13, qui a les branches inégales, et ensuite les mailles 14, 15 et 16; le fil qui reste est indiqué par *d*.

Ce qui précède suffit pour faire comprendre où sont les attaches des différentes mailles, comment celles qui sont arrondies au sortir du moule deviennent losangées, et comment, à cause des attaches, il y a au bord du filet des mailles longues et des demi-mailles qui forment une espèce de bordure.

La plupart des laceurs arrêtent la première fausse maille H, fig. 4, par un nœud sur le pouce, et ils font toutes les autres avec le nœud sous le petit doigt. Cela n'est pas de règle générale ; chacun peut, suivant sa commodité, employer le nœud qui lui convient.

Un inconvénient des filets à mailles en losange est qu'ils changent beaucoup de forme, suivant qu'on les tire dans un sens ou dans un autre. Si l'on tire le filet, fig. 9, pl. III, p. 9, suivant la direction O, P, ou suivant celle Q, R, les mailles s'étendront beaucoup dans cette direction; elles deviendront si étroites, que les fils se toucheront presque et que les mailles perdront leur ouverture. Ce serait, en beaucoup de circonstances, un très-grand inconvénient.

On conserve leur forme regulière, en passant une corde S, T, fig. 9, dans toutes les mailles, et les assujettissant sur cette corde avec un bon fil retors, comme on le voit aux endroits V, V, V. C'est ce qu'on appelle border un filet ; mais on peut produire le même effet d'une façon plus expeditive et moins coûteuse : pour cela, quand on a fait le dernier rang des mailles, comme *a*, *b*, *c*, *d*, A, B, C, D, fig. 9, on pose sous ces dernières mailles un moule E F qui doit être beaucoup plus mince que celui qui a servi à faire les mailles. On fait au milieu du bas de la maille *a* une petite maille H, qui ne sert qu'à assujettir le moule ; ensuite on passe le fil par devant le moule, et, opérant à l'ordinaire pour mailler sous le petit doigt, on se trouve obligé de faire une révolution alongée, afin de gagner le milieu de la maille *b*, où l'on fait un nœud ; puis, sans changer la position du moule, et y conservant les nouvelles mailles, on fait les révolutions et les nœuds qu'on voit à la fig. 9 depuis E jusqu'à F. Dans cette figure, on a trop écarté le moule des mailles, et l'on a fait les révolutions du fil très-lâches pour laisser mieux apercevoir les détails de l'opération. Quand on a ôté le moule, il doit rester un fil tel que M, L, K, qui assujettit les demi-mailles dans l'ouverture qu'elles doivent avoir.

Si l'on employait un moule trop gros, ou si, en faisant les nœuds, on tenait les mailles trop ouvertes, comme on l'a fait à dessein dans la partie E, F de la fig. 9, les fils K, L, M, au lieu de former une ligne droite d'un nœud à l'autre, feraient une courbe en dehors ; ce serait un défaut, les mailles ne seraient pas bien assujetties. Si le moule était trop menu, ou qu'en travaillant, on tînt les mailles trop près les unes des autres, les bords du filet seraient froncés, et le filet ferait bourse. Pour que le filet soit bien bridé, il faut, quand on a ôté le moule, que les fils K, L, M étant tendus, aient la même longueur que la ligne ponctuée N.

Il est évident que si l'on met l'un sur l'autre deux filets de même grandeur, et qui aient des mailles pareilles, on pourra, en suivant avec soin ce qui vient d'être dit, réunir très exactement ces deux filets, pourvu que l'on comprenne dans chaque nœud deux fils, un de chaque filet.

On a vu plus haut qu'enlarmer un filet, c'est le border

de grandes et fortes mailles faites avec de la ficelle, ou au moins avec un fil retors beaucoup plus fort que celui qui forme le filet. La principale utilité de cette lisière est de fortifier le filet, et d'empêcher qu'il ne rompe quand on le traîne.

Quelquefois, mais cela arrive rarement, on passe une corde dans les mailles de l'enlarmure; et cette corde tendue, faisant l'office d'une tringle de rideau pendant que les mailles servent d'anneaux, on peut plier le filet sur lui-même, comme l'on fait un rideau. En ce cas, il est préférable de garnir les bords du filet avec des anneaux de métal, ce qu'on appelle des *Bouclettes* : mais il est bien rare qu'on fasse usage de filets ainsi montés.

Pour enlarmer un filet, il faut avoir du fil retors ou de la ficelle deux, trois ou quatre fois grosse comme le fil qui a servi à faire le filet; on en charge une aiguille. Si la ficelle est assez fine, on peut s'en servir pour faire deux rangs de mailles au bord du filet, la passant dans toutes les mailles 1, 2, 3, 4, 5, etc., fig. 10, pl. III, p. 9, et l'assujettissant dans chacune par un nœud. Mais communément la ficelle qui sert pour enlarmer est grosse, et on fait les mailles fort grandes : pour cela, on ne prend dans la ficelle les mailles que de deux en deux 2, 4, 6, 8, 10 ; assez souvent même on passe deux mailles. A la grosseur près de la ficelle, ces mailles ressemblent assez à celles qui sont cotées K, L, M, fig. 9, pl. III.

On forme des anses ou œillets G fig. 10, pl. III, aux angles du filet, qui servent à attacher les cordes pour le tendre ou le traîner.

Pour faire commodément les mailles de l'enlarmure, ainsi que les brides de la fig. 9, on passe, dans les mailles du bord opposé à celui où l'on va travailler, une corde A B fig. 10, qu'on attache à deux crochets ; ou dont on réunit les bouts par un nœud, pour faire une anse qu'on passe dans un crochet. Quand l'enlarmure est faite, on retire cette corde. Si l'on voulait border le filet de ce côté-là, on lierait cette corde à toutes les mailles *a*, *b*, *c*, *d*, etc. avec un fil comme on a fait à la corde S, T, dans la fig. 9, pl. III, en V V V.

Lorsqu'on veut augmenter l'étendue d'un filet, dans un sens ou dans un autre, on fait des boucles, fausses mailles, ou mailles volantes appelées *accrues*. Nous allons indiquer la manière de les faire, cette connaisance étant essentielle pour passer à la méthode de fabriquer les filets à mailles carrées.

La fig. 1re, pl. IV, qui représente un filet à mailles carrées, est destinée à faire concevoir cette opération, observant, qu'on jette également des accrues aux mailles en losange comme à celles carrées.

Quand on a fait la levure et le premier rang de mailles n°. I, si l'on veut faire une accrue A à la rangée n° II, après avoir fait le nœud B qui assure la maille C, on continue de mailler, mais en passant encore le fil dans la maille B pour former à l'angle de cette maille un second nœud. Lorsqu'on aura bien serré le nœud et retiré le moule, on aura l'anse ponctuée A, qu'on nomme une accrue.

La file des mailles, n° III, se terminerait en D, s'il n'y avait point d'accrue; mais attendu que l'on passera le fil dans l'accrue comme dans une maille, et qu'on fera le nœud en E, la rangée de mailles sera prolongée jusqu'à E, et la file n° III sera de huit mailles, au lieu que la file n° I n'était que de sept.

Si l'on ménage une pareille accrue en F, la file de mailles n° V sera de neuf, au lieu que celle n° I n'était que de sept, et la largeur du filet sera augmentée de deux mailles.

On peut maintenant concevoir comment, au moyen des accrues, on peut élargir un filet tant qu'on veut; car on

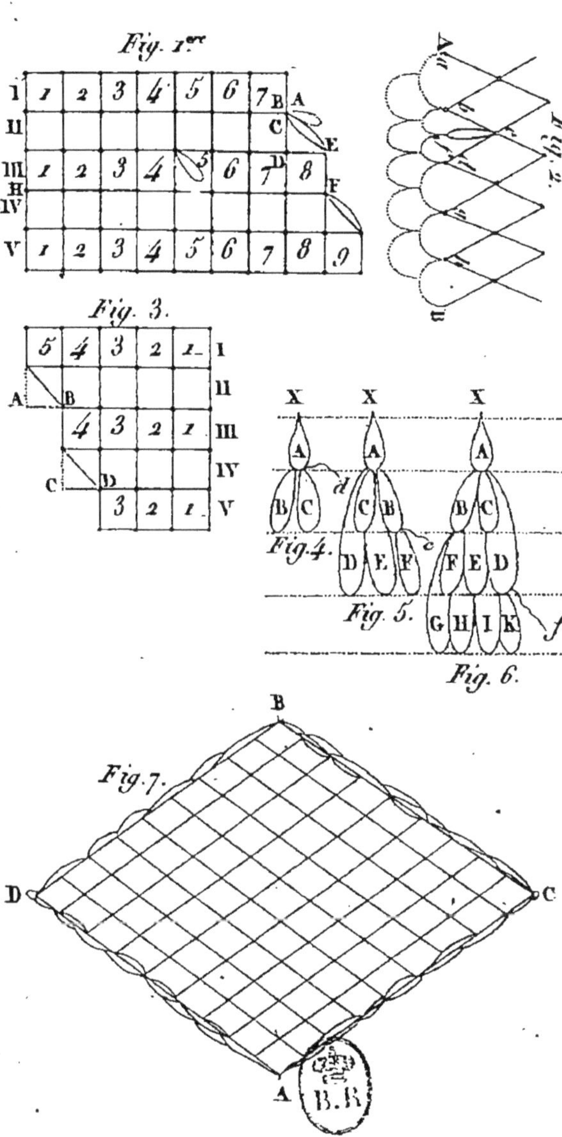
Fig. 1.er
I 1 2 3 4 5 6 7 B A
II C
E
III 1 2 3 4 5 6 7 D 8
H F
IV
V 1 2 3 4 5 6 7 8 9
Fig. 2.
Fig. 3.
5 4 3 2 1 I
II
A B
4 3 2 1 III
IV
C D
3 2 1 V
X X X
A A A
d
B C C B B C
Fig. 4.
D E F F E D
c
Fig. 5.
G H I K f
Fig. 6.
B
Fig. 7.
D C
A B.R
Filets.

peut former plusieurs accrues dans une file de mailles, et en augmenter le nombre proportionnellement à celui des accrues. Il est évident que si, en formant la file des nœuds F, H, on avait passé l'aiguille dans l'accrue de la maille 5, et qu'on l'eût arrêtée par un nœud, la file des mailles aurait eu neuf mailles au lieu de huit.

Il y a une autre façon de faire des accrues, au moyen de laquelle on augmente le nombre des mailles, et par conséquent la largeur du filet, à la rangée même où l'on forme l'accrue. Pour cela, on fait, à l'ordinaire, la maille a, b, fig. 2, pl. IV. Si l'on suivait la marche commune, on irait faire un nœud en d; au lieu de cela, et pour former l'accrue, on porte le fil qui part de b jusqu'au nœud d'une maille du rang plus haut e; on n'y fait pas de nœud, on passe seulement le fil dans une des jambes de la maille c; on le descend jusqu'en f, où l'on fait un nœud sur le pouce, et ensuite le même fil va s'attacher en d. Les autres mailles dg, gh se font à l'ordinaire. On voit que la file des mailles A, B est augmentée d'une maille, ainsi que tous les rangs qui suivront.

Il est bien plus aisé de diminuer la largeur des filets que de l'augmenter, puisque le rétrécissement se fait, fig. 3, pl. IV, en comprenant deux mailles dans un même nœud : par exemple, l'angle A de la maille placée sous celle n° 5, avec l'angle B de la maille suivante. La largeur du filet sera ainsi diminuée de la quantité A, B; alors les fils de ces mailles seront doubles, ce qui n'est sujet à aucun inconvénient, et le nombre des mailles de la file, où on en aura réuni deux, sera diminué d'une, c'est ce qu'on appelle faire des *rappetisses*. Il en sera de même à l'angle ponctué C, qui se trouve réuni à celui D. Il est clair qu'on parviendra ainsi à diminuer peu à peu la largeur d'un filet sans faire de difformité sensible. On peut réunir des mailles au milieu des rangées comme sur les bords.

§. 4. *De la fabrication des filets à mailles carrées.*

On commence les filets à mailles carrées par un angle, comme on le voit fig. 4, pl. IV, p. 16.

Ainsi, ayant une aiguille chargée de fil et un moule proportionné à la grandeur que doivent avoir les mailles, on tourne une ou deux fois le fil autour du moule, suivant la grandeur qu'on veut donner à la maille ; on noue ensemble les deux bouts, et, ayant retiré le moule, on a une anse de fil qui servira, si l'on veut, à faire la première maille A, pl. IV, fig. 4, 5, et 6, p. 16, et qu'on passera dans le clou à crochet X ; ensuite on posera le moule sous cette maille pour en faire une autre B, qui sera la première maille du second rang ; et, sans l'ôter du moule, on fera une accrue C, comme nous l'avons expliqué plus haut. Cette accrue tiendra lieu d'une seconde maille au second rang ; d est le fil qui servira à faire les mailles du troisième rang.

On tire le moule de ces deux mailles, et l'on retourne le filet pour faire le troisième rang ; on pose le moule sous l'accrue C, et on forme une maille D, qui a deux branches fort inégales, fig. 5, attendu que, partant du nœud qui est au-dessus de l'accrue, ayant enveloppé le moule, le fil remonte et forme la branche courte qui va s'attacher par un nœud au-dessus de l'accrue C. Sans changer la position du moule, on procède à une autre maille E, qui va s'attacher au bas de la maille B du second rang ; et, le moule restant toujours dans la même position, on fait ensuite une accrue F. Au-delà, on voit en c le bout du fil qui doit former les mailles suivantes.

Ayant retiré le moule de ces mailles, on retourne le filet ; et, pour former les mailles du quatrième rang, on pose le moule sous l'accrue F, fig. 6 ; on y fait une maille G, à branches inégales ; plus une seconde H, une troisième I, et une accrue K; *f* est le fil qui servira pour faire les mailles suivantes.

On continue de faire les mailles dans le même ordre, terminant toutes les rangées par une accrue sur la droite, ce qui augmente d'une maille la largeur du filet. Quand on est parvenu à la moitié de toute la largeur que le filet doit avoir, au lieu d'augmenter la longueur du filet, il faut la diminuer; ce qu'on fait en comprenant, à la fin de chaque rangée, deux mailles dans un même nœud. Lorsqu'on aura fait, en rétrécissant, autant de rangées qu'on avait faites en élargissant, le filet sera réduit à une maille, qui formera l'angle opposé à celui de la première maille qui a commencé le filet.

Ce filet, fig. 7, pl. IV, qui doit être carré, a une forme de losange, et les mailles qui doivent être carrées ont aussi cette même forme; mais quand on le tendra par ses angles, de façon que les côtés C, B et A, D soient parallèles à l'horizon, et que les côtés C, A et B, D soient perpendiculaires, la pièce entière ainsi que ses mailles auront la forme carrée qu'on désire.

En jetant les yeux sur les fig. 4, 5, 6, de la pl. IV, on aperçoit des mailles ovales de figure fort irrégulière et mal disposées les unes à l'égard des autres. Les mailles D, G, fig. 5, sont très-longues et formées de branches d'inégale longueur; d'autres, telles que E, H, I, ont leurs attaches au bas de deux mailles différentes, pendant que les deux branches des accrues G, F, K répondent au bas d'une maille, où aboutit déjà une branche des autres mailles B, E, I. On aura peine à concevoir que, d'un tas de mailles de forme si irrégulière, et bizarrement arrangées les unes à l'égard des autres, il puisse résulter un filet composé de mailles d'une forme régulière.

A l'égard de la forme ovale des mailles représentées

dans les trois figures, elle dépend de ce que ces mailles ont été dessinées comme elles se montrent au sortir de dessus le moule ; et, de même que les mailles de la fig. 4, pl. III, p. 9, ne prennent la forme de losange qu'elles doivent avoir, que quand on les a assujetties par les mailles que l'on a a faites au-dessous, celles des fig. 4, 5 et 6 de la pl. IV prendront aussi naturellement la forme qu'elles doivent avoir. Il n'a pas été possible de les représenter d'une façon plus avantageuse, parce que, tant qu'on travaille ce filet, on n'aperçoit aucune maille ; tous les fils, rapprochés les uns des autres, n'offrent qu'un faisceau, fig. 6. Mais, afin de donner une idée de la forme et de l'attache des mailles, on les a représentées un peu ouvertes et à peu près comme elles sont lorsqu'elles sortent de dessus le moule.

A l'égard des mailles longues D, G ; ainsi que des accrues C, F, K, elles ne paraissent point dans le filet, fig. 7 ; elles restent fermées au bord, où elles forment une bordure ou une espèce d'enlarmure en A, C et en B, C ; les mailles que l'on réunit par un seul nœud, pour diminuer la largeur du filet, font une bordure à peu près pareille en A, D et en B, D.

On est souvent dans le cas de faire à mailles carrées des filets qui ont beaucoup plus de longueur que de largeur. Pour y parvenir, on prend d'abord avec une ficelle la mesure de la longueur et de la largeur qu'on se propose de leur donner.

Il est clair que la partie A, B, D, pl. V, fig. 1ere, est égale à la partie B, C, D, ou que la ligne A, B est égale à la largeur A, D du filet ; puisque, si l'on plie le filet par la ligne B, D, le point C se portera sur A.

Il faut commencer par former la première maille en B, et continuer à former les mailles comme il a été dit, jetant une accrue du côté de la droite à toutes les rangées, jusqu'à ce qu'on soit parvenu à la ligne A, D ; alors, pour faire la

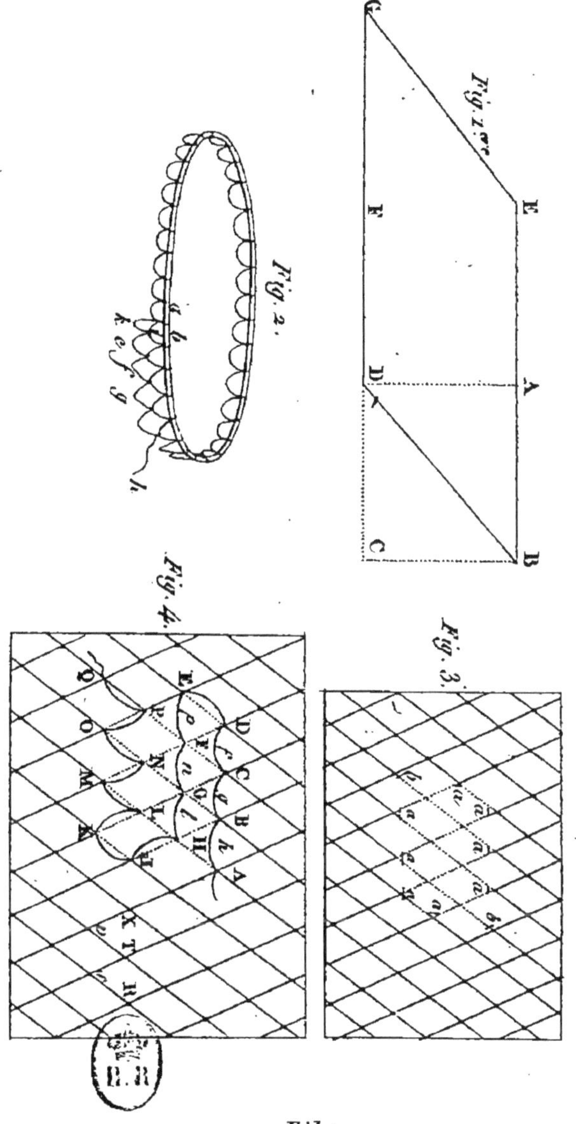

Filets.

partie A, E, D, F, on continuera à jeter des accrues à toutes les rangées, du côté de la droite; mais aussi, à toutes ces mêmes rangées, on rassemblera dans un même nœud deux mailles du côté de la gauche; c'est à-dire, qu'au bout de chaque rangée de mailles, du côté D, F, on jettera une accrue, et, à l'autre bout A, E, on réunira deux mailles dans un même nœud.

On continuera ainsi jusqu'à ce qu'on soit parvenu à E, F; alors, comme il faut terminer le filet en pointe, on ne jettera plus d'accrue, mais on continuera de prendre à toutes les rangées deux mailles dans un même nœud, jusqu'à ce que le filet soit réduit à n'avoir plus qu'une maille en G, et cette maille le terminera comme il a été commencé par la maille B. Quand le filet sera tendu, la maille B viendra à la place d'A, et le point E sera perpendiculaire avec la dernière maille G; ce qui donnera au filet la forme d'un carré long, et aux mailles celle d'un carré parfait.

On a quelquefois besoin de faire des filets ronds, soit cylindriques, soit coniques; les premiers sont ceux qui ont une forme arrondie sur leur longueur, comme celle du corps d'une barrique; ceux que l'on appelle coniques ont plus de diamètre par un bout que par l'autre.

On se rappelle qu'en faisant un filet en nappe, il faut, à chaque rangée de mailles, retourner le filet pour former une autre rangée en revenant sur ses pas. Tout cela a été clairement expliqué à l'occasion de la fig. 4, pl. III. Pour faire un filet rond, il faut joindre les mailles 12 et 1re de la fig. 4, par une maille intermédiaire qui doit former la première du second rang. Il est évident que cela ne pourrait pas s'exécuter si on avait fait la levure sur la corde tendue A, B, fig. 4, pl. III. Mais la réunion devient possible, quand on a fait la levure en paquet dans une anse de corde, fig. 3, pl. IV. C'est donc de cette manière qu'il faut la commencer.

Pour rendre cette opération plus sensible, nous supposons qu'on ait fait la levure sur la circonférence d'un cerceau, fig. 2, pl. V, et que la première maille soit *b*. Quand on aura parcouru toute la circonférence du cerceau, la dernière maille de cette rangée sera *a*; il s'agit de joindre les deux mailles *a* et *b*; ce qu'on fera par une maille intermédiaire, laquelle doit commencer la seconde rangée qu'on poursuivra en tournant toujours de la gauche vers la droite. Le fil, après avoir formé le nœud qui réunit par en haut des mailles *a*, *b*, descend entre elles pour contourner à l'ordinaire le moule placé sous la maille *b*, et y faire un nœud en *i*, d'où résulte une maille alongée, qui, tenant à la maille *b* par le haut et par le nœud *i*, reste pendante en *k*, comme l'indique la ligne ponctuée, jusqu'au moment où, après avoir attaché la dernière maille du second rang au bas de la maille *a*, on formera avec le fil sur le moule une nouvelle maille, laquelle aura son attache en *k*, et rendra ainsi cet endroit anguleux. Après quoi, le fil, descendant du nœud *k*, et allant s'attacher en *e*, produira une autre maille qui commencera le troisième rang; on continuera ainsi de *e* en *f*, *g*, etc., au moyen du fil *h*. Cet embranchement d'une rangée à l'autre ne produit aucune difformité.

Il est évident que les filets cylindriques peuvent être commencés indifféremment par un bout ou par un autre, puisque les deux extrémités sont semblables.

On est maître aussi de commencer les filets coniques par le bout que l'on veut; car si on commence par le bout étroit, on élargit le filet au moyen des accrues; et, si l'on commence par le bout large, on rétrécit le filet par des rappetisses.

§. 5. *Raccommodage des filets.*

Il arrive souvent que, quoiqu'on sache faire un filet, on ignore la manière de le raccommoder; et cependant il est quelquefois plus important de savoir raccommoder, radouber, ramender un filet par soi-même, que de savoir en faire de neufs, parce que, dès qu'un filet a une maille rompue, il a bientôt un grand trou, si l'on n'y porte remède aussitôt.

Supposant que le filet, fig. 3, pl. V, a un trou au point où les mailles sont ponctuées, il faut commencer par couper et retrancher tout ce qui est endommagé, et même ce qui ne l'est pas, jusqu'à ce que la circonférence du trou soit garnie des angles des mailles auxquels on ménage entier le nœud qui retient la maille, ainsi que l'indique la fig. 3. Les lignes transversales marquent l'endroit où doivent être coupées les branches des mailles, auxquelles on maintient l'ancien nœud entier, de manière qu'il reste tant soit peu de ces branches pour former la nouvelle maille. Il faut bien se garder d'imiter ceux qui, trouvant d'abord de la difficulté à bien couper le filet, commencent par former des mailles, et coupent, à mesure qu'ils ont besoin d'un nœud, ce qui augmente leur embarras.

Aux endroits marqués *a*, les deux jambes des mailles sont coupées; et à ceux marqués *b*, une seule l'est : nous verrons tout-à-l'heure pourquoi.

La circonférence du trou étant ainsi disposée, il faut se rappeler que les lignes ponctuées indiquent les mailles qui n'existent plus, et qu'il faut remplacer par des mailles neuves, pareilles à celles du filet.

En jetant les yeux sur la fig. 4, pl. V, supposant que l'on commence à droite, on fixe le fil au point A au-dessus du nœud d'une des mailles coupées; ensuite on fait la maille A, B, celle B, C, et celle C, D; à tous les angles

A, B, C, D, il existe alors deux nœuds, celui de l'ancienne maille, et, par-dessus, celui qu'on a fait pour la nouvelle maille : cela doit avoir lieu ainsi à tous les angles qui aboutissent à la circonférence du trou ; mais il n'y aura qu'un nœud à celles qu'on formera au milieu, comme aux mailles ordinaires des filets. Les mailles A B, B C, C D, sont rondes dans la fig. 4 ; mais lorsque l'on aura fait au-dessous un autre rang de mailles, elles deviendront anguleuses, comme l'indiquent les lignes ponctuées A H, H B, B G, G C, C F, F D.

Voulant donc faire le second rang, partant de D, il faut descendre en E pour atteindre son niveau. Pour cela, on fait la simple jambe qui vient de D en E ; ensuite, continuant de gauche à droite, parce que l'on ne peut pas retourner le filet, on fait la maille E, P, F, puis la maille F, N, G, et celle G, L, H ; enfin la jambe H, I, comme on a fait celle D, E. Si le trou avait plus de largeur que celui représenté, on ferait une jambe au troisième rang de mailles de droite à gauche, puis un quatrième rang de gauche à droite, et ainsi de suite, tant que cela serait nécessaire. Il s'agit enfin de fermer le trou, en joignant les mailles que l'on vient de faire à celles du filet. Pour cela, on fait une jambe I, K, en descendant ; puis une autre K, L, en montant, qui s'attache au milieu L de la maille H, L, G ; et on continue ainsi par des jambes semblables à L M, M N, N O, O P, P Q, où se termine le fil. Les lignes ponctuées indiquent les mailles régulières par lesquelles on a fermé le trou ; les lignes pleines, marquées *h, g, f, l, n, p,* indiquent la forme ronde des mailles, tant que celles du rang inférieur ne sont pas faites.

Il n'est cependant pas toujours nécessaire d'agrandir le trou d'un filet. S'il n'y avait, par exemple, qu'une branche d'une maille rompue, telle que celle R, S, fig. 4, on la remplacerait en formant une jambe qui s'étendrait de R en S. S'il y en avait deux de rompues, telles que V T, V X, on les rétablirait également en faisant une jambe de T en V, et une autre de X en V. On nomme jambe un fil qui s'étend seul dans une direction oblique d'un nœud à l'autre, pour en former la liaison, tels que E D et L K.

On ne se sert point de moules pour rhabiller les filets, et tous les nœuds se font sur le pouce. Mais, afin que les mailles soient d'une égale grandeur, on passe deux doigts de la main gauche dans les mailles qui sont faites, et le doigt du milieu dans celle que l'on forme présentement; en appuyant avec les doigts sur l'intérieur des mailles, celle que l'on fait devient d'une grandeur régulière et conforme à celle des autres, quand les trois doigts forment une ligne droite et horizontale.

Maintenant que nous avons indiqué la manière de faire toutes les espèces de filets et celle de les raccommoder, nous allons nous occuper de leurs forme et dimension particulières, et de la manière de les monter et de les tendre.

Section II. — Description et usages des différens filets.

On se sert de filets simples ou triples; on appelle ces derniers *tramails* ou *filets contre-maillés;* c'est par eux que nous allons commencer.

§ 1. *Des halliers.*

Cette espèce de filets est formée de trois rets posés les uns devant les autres; les deux rets extérieurs, qui sont à grandes mailles, se nomment *aumées*, et celui qui est placé entre deux a le nom de *nappe, toile* ou *fluc.*

Ce filet, que l'on emploie contre un grand nombre d'oiseaux, est toujours fait de la même manière et ne diffère que par la dimension des mailles des aumées et de la nappe.

Dans tous les halliers, les aumées sont faites à mailles carrées, et la nappe à mailles en losange; cette dernière doit avoir deux fois ou deux fois et demie la longueur des aumées, et trois fois leur largeur, afin de pouvoir flotter entre deux, et former les bourses dans lesquelles les oiseaux s'engagent.

Pour les halliers à perdrix, on donne aux mailles des au-mées une largeur de quatre pouces; la hauteur du filet est d'un pied, ce qui suppose trois mailles; la longueur varie à volonté de vingt-cinq à cinquante pieds. Au surplus, elle importe peu, puisqu'en cas de besoin on peut réunir deux halliers. Pour donner à ce filet trois mailles de hauteur, on en met sept dans la largeur des aumées.

La nappe se fait à mailles en losange; ces mailles ont un diamètre de deux pouces; on en fait dix-huit sur la largeur. Cette proportion lui permet de former les bourses néces-saires. On borde chaque côté de la nappe d'une ficelle de la longueur de l'aumée sur laquelle on la fait froncer de manière à ce que les bourses soient réparties également partout.

Pour monter le hallier et le rendre propre à l'usage que l'on lui destine, on étend l'aumée à terre; dessus on pose la nappe de manière à ce qu'elle ne couvre que jusqu'à la troisième maille inclusivement, et on replie dessus l'autre moitié de l'aumée, ce qui fait que la nappe se trouve entre deux. La quatrième maille qui occupe la moitié de l'aumée, et que l'on place toujours à la partie inférieure du hallier, se trouve perdue dans la lisière, et il ne reste toujours que trois mailles de hauteur de chaque côté. Cela fait, on at-tache, à la distance d'environ dix grandes mailles les unes des autres, des piquets longs de dix-huit pouces, à deux pieds

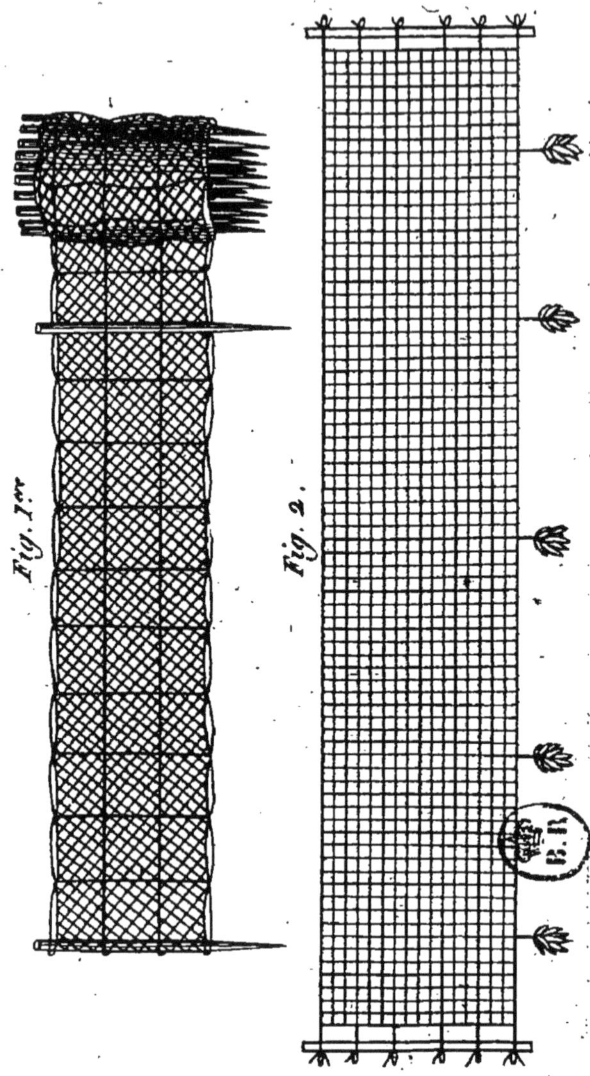

Filets.

pointus du côté inférieur et dont la pointe dépasse la lisière du filet pour être plantée en terre ; tous ces piquets sont liés aux deux bords de l'aumée et de la toile avec du fil fort, à l'exception des deux piquets placés aux extrémités du hallier qui, indépendamment de ces deux attaches, sont passés dans les mailles des aumées et de la nappe. Le fil que l'on emploie pour la nappe est du fil de Flandres, trois brins, n° 24, et pour les aumées, du même fil, trois brins, n° 8.

Le hallier à cailles se fait de la même manière que celui à perdrix ; les mailles de l'aumée n'ont que trente lignes de diamètre, celles de la nappe ont douze lignes ; la hauteur de ce hallier est de sept pouces et demi. Le fil que l'on y emploie est de la même qualité que celui pour le hallier à perdrix ; pour la nappe on se sert du n° 36, et du n° 12 pour l'aumée.

Le hallier à faisans et à canards a les mailles des aumées de neuf à dix pouces d'ouverture, et on en met trois sur la hauteur ; les mailles de la nappe ont trois à quatre pouces d'ouverture, et sont au nombre de quinze à dix-huit sur la largeur ; les piquets sont attachés à trois pieds de distance. On se sert pour la nappe de fil de Flandres, n° 8, et, pour les aumées, d'une ficelle solide, grosse comme une plume de l'aile d'un corbeau.

Le hallier pour les râles de genêts et d'eau est semblable en tout à celui de la caille ; le hallier à poules d'eau est le même que celui pour les perdrix.

La fig. 1re, pl. VI, représente un hallier dont un bout est déployé et le reste roulé sur lui-même.

§ 2. *De la pantaine* ou *pantière.*

On distingue deux sortes de pantaine ou pantière, la pantière simple et la pantière contre-maillée.

La pantière simple est une longue nappe que l'on fait ordinairement à mailles de quinze à seize lignes d'ouverture ; on y emploie du fil de Flandres, n° 24. Sa longueur est indéterminée, parce qu'elle dépend de l'espace que l'on veut barrer ; on lui donne quelquefois jusqu'à cent pieds ; sa hauteur est toujours de trente à trente-six pieds ; on la borde tout autour d'une ficelle de la grosseur d'une plume à écrire.

Tous les auteurs qui ont écrit sur la chasse conseillent de faire cette pantière à mailles en losange ; observons que dans ce cas il faut que la levure ait le double de largeur que celle que l'on veut donner à ce filet, et un tiers de plus de longueur, parce qu'étant tendu, il n'aura que les dimensions désirées ; que, par conséquent, on emploie plus de fil et plus de temps ; que cette pantière fronce toujours à quelque endroit, ce qui offre des places plus obscures les unes que les autres, et qui peuvent effrayer les bécasses ; et qu'enfin le filet étant destiné à tomber à terre, chaque fois qu'un oiseau s'y prend, il s'y accroche toujours quelques brins de bois que l'on a beaucoup de peine à ôter. Toutes ces raisons nous engagent à conseiller de faire la pantière à mailles carrées, parce que ces dernières sont moins visibles et plus aisées à débarrasser des ordures qui s'y attachent. La manière de la border est absolument la même.

La pantière contre-maillée se compose de trois rets placés les uns sur les autres. Comme dans le hallier les deux extérieurs se nomment les aumées, et sont faits à mailles carrées de fil de Flandres, en trois brins, n° 8, et d'un diamètre de dix pouces ; la nappe, qui est le filet intérieur, se fait à mailles en losange, ou plutôt carrées, d'un diamètre de deux pouces en même fil que la pantière simple. Cette nappe doit avoir deux fois et demie l'étendue des aumées, afin de pouvoir faire des bourses convenables. Pour

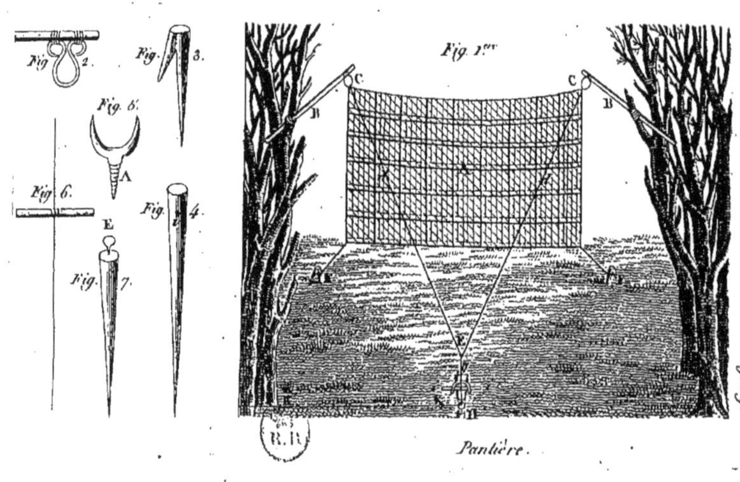
Pl. III.
T. I. Page 29.
Fig. 1er.
B
C
C
B
A
F
F
H
K
Panlière.
Fig. 2.
Fig. 3.
Fig. 5.
A
Fig. 6.
E
Fig. 4.
Fig. 7.

attacher ensemble les trois rets, on les couche les uns sur les autres, la nappe au milieu, dans une place propre, et l'on passe, dans le dernier rang de mailles des quatre côtés des aumées et de la nappe, une ficelle très-forte et grosse comme une plume à écrire. On a soin de faire froncer la nappe également, pour que les bourses qu'elle doit former soient réparties partout. L'on forme, aux quatre coins de la pantaine contre-maillée, avec la ficelle qui a servi à l'enlarmer, une boucle destinée à recevoir les cordes dont il faut la garnir pour la faire jouer.

Autrefois on garnissait la partie supérieure de cette pantaine d'anneaux ou bouclettes dans lesquels on passait la corde destinée à la tendre, et sur laquelle on la plissait ou l'étendait comme un rideau sur une tringle, au moyen d'une ficelle attachée au premier anneau d'un côté. Mais cette méthode rend la tendue de la pantière plus longue et moins simple, et nuit par conséquent au succès de la chasse où on l'emploie.

La manière que nous allons indiquer, et qui convient à la pantière simple comme à la pantière contre-maillée, nous paraît plus expéditive et plus commode.

Pour tendre ce filet, comme l'indique la fig. 1re, pl. VII, il faut trouver, dans l'endroit que l'on a jugé convenable, deux arbres suffisamment élevés et à une distance commode. Il est souvent nécessaire d'élaguer les plus longues branches qui, s'avançant vers l'intervalle que doit occuper la pantière, pourroient l'empêcher de tomber librement. A la hauteur nécessaire, on attache, à une branche de chacun de ces arbres, deux perches qui aient entre elles une distance telle, que la pantière tendue la remplisse, et soit éloignée de leur extrémité de huit à dix pouces ; leur élévation est combinée de manière que, dans le même cas, la pantière ait sa lisière inférieure soutenue à quatre pieds environ de terre. Au bout saillant de chacune de ces perches, on lie, pour servir de poulie, un anneau en fer du diamètre de neuf lignes. Ces anneaux ont la forme d'une porte d'agrafes fig. 2, pl. VII, qui représente un bout de perche garni de son anneau. On fait de ces anneaux en corne et en verre soufflé. Ces derniers sont préférables, en ce qu'ils n'ont rien à redouter de l'humidité, et qu'ils offrent un frottement moins dur aux cordes qui y passent. On attache solidement, aux boucles de ficelle qui se trouvent aux coins supérieurs de la pantière, deux cordes grosses comme le petit doigt, et parfaitement cablées, dont la longueur (supposant la dimension de la pantière de cent pieds sur trente-six) doit être au moins de cent pieds. Ces deux cordes sont passées chacune dans un des anneaux liés aux perches, et sont ensuite nouées ensemble. Une troisième corde de même grosseur est liée à la jonction des deux premières, et vient aboutir à une loge ou hutte que le chasseur se prépare derrière la pantière, à une vingtaine de pieds environ. A cet effet, il creuse un peu la terre et s'abrite au moyen de branchages dont il entoure le trou, pour se dérober le plus possible à la vue de la bécasse, qui devient plus perçante au crépuscule. Cette corde a une longueur telle, qu'elle permet à la pantière de tomber jusqu'à terre, et que le bout resté auprès du chasseur lui sert ensuite à la relever. Le bas de la pantière est fixé par deux cordes qui attachent ses coins inférieurs à deux piquets à crochet, comme celui fig. 3, plantés en terre, de manière que la partie inférieure de la pantière refuse, et que le haut soit plus avancé du côté où doivent venir les bécasses.

Pour s'éviter la peine de soutenir la pantière, en tenant dans sa main la corde qui sert à l'élever, le chasseur plante devant lui un piquet long de quinze à dix-huit pouces, qu'il enfonce en terre jusqu'à moitié, pour qu'il y soit solidement

fixé. Ce piquet, fig. 4, est garni, à son extrémité supérieure
au point *i*, d'une espèce de croissant en fer, fig. 5, dont la
partie A est une vis que l'on enfonce diamétralement dans
l'épaisseur du piquet. Ce croissant a ses cornes un peu inclinées vers la terre. Sous ces cornes le chasseur place un
petit bâton, fig. 6, qui est lié par son milieu à la corde de
tirage de la pantière. Ce petit bâton, retenu par le croissant, maintient la pantière tendue. L'autre bout de la corde
est tenu par le chasseur, qui tire à lui lorsqu'il voit une bécasse donner dans le filet. Ce mouvement fait échapper le
petit bâton de dessous les cornes du croissant, et la pantière
tombe aussitôt.

On peut se dispenser de se faire un abri derrière la pantière, et se placer dans les arbres à droite ou à gauche, en
employant le moyen suivant : à un pied en arrière du piquet,
fig. 4, planté pour tenir la pantière tendue au moyen du
croissant de fer dont il est armé, on fiche en terre un second
piquet, fig. 7. Ce piquet est de la même longueur que le premier, et sa tête est garnie d'un piton en fer E, dont l'œillet
a environ six lignes de diamètre. Dans cet œillet on fait
passer un bout de la corde de tirage qui se prolonge jusqu'à
l'endroit où est le chasseur; ce bout est garni d'un anneau
ou d'un morceau de bois qui ne puisse pas passer dans l'œillet du piton. Dans cet état, dès que le chasseur voit une
bécasse donner dans le filet, il tire la corde vivement à lui;
le bâton pris sous les cornes du croissant se dégag, e et la pantière tombe. La longueur de la corde est calculée de manière
à ce que l'anneau ou le bâton qui la termine vienne s'arrêter
contre l'œillet du piton E, fig. 7, quand la pantière est entièrement à terre. Pour la retendre, le chasseur revient auprès de ses piquets; il relève le filet, engage le bâton sous le
croissant, après s'être emparé de sa proie, emporte avec lui
le bout de la corde, et recommence à guetter le gibier. Cette

disposition peut se voir par la fig. 1re de la pl. VII. A est la pantière contre-maillée; B, B sont les perches liées aux branches d'arbres; *c*, *c* sont les anneaux de fer, ou de verre, dans lesquels passent les deux cordes *d*, *d*, qui viennent se réunir en E, où est liée la corde de tirage; F, F sont les piquets à crochet, qui fixent les coins inférieurs de la pantière; *g* est le piquet garni du croissant; *i*, *i* est la poignée liée à la corde de tirage et passée sous les cornes du croissant; H est le piquet à piton, dans l'œillet duquel passe la corde de tirage *k*, *k*, qui se prolonge à gauche, vers la retraite du chasseur.

Dans le cas où le chasseur veut se construire une hutte, elle est placée à l'endroit de la fig. 1, où sont les lettres *g*, *i*, H, *i*. On a, dans cette figure, représenté une pantière contre-maillée, quoiqu'on tende la pantière simple de la même manière. Cependant, la première offre sur la seconde l'avantage d'embarrasser davantage le gibier, par les bourses qu'elle forme.

§. 3. *Du rafle.*

Ce filet est également contre-maillé; il ne diffère de la pantière que par les proportions. Les aumées sont à mailles carrées d'un diamètre de trois pouces, et d'un fil retors en trois brins, dit fil de Flandres, n° 12. La nappe a deux fois les dimensions des aumées pour pouvoir faire bourse; ses mailles sont en losange et ont neuf à dix lignes de diamètre, on la fait en fil de Flandres, n° 36. Sa longueur est ordinairement de douze à quinze pieds, et sa hauteur de huit à dix. On attache les trois filets ensemble, comme nous l'avons dit pour la pantière, et on le monte sur deux perches legères, longues de quinze à seize pieds, que l'on attache de chaque côté et qui servent à le porter. *Voyez* la fig. 1, pl. VIII.

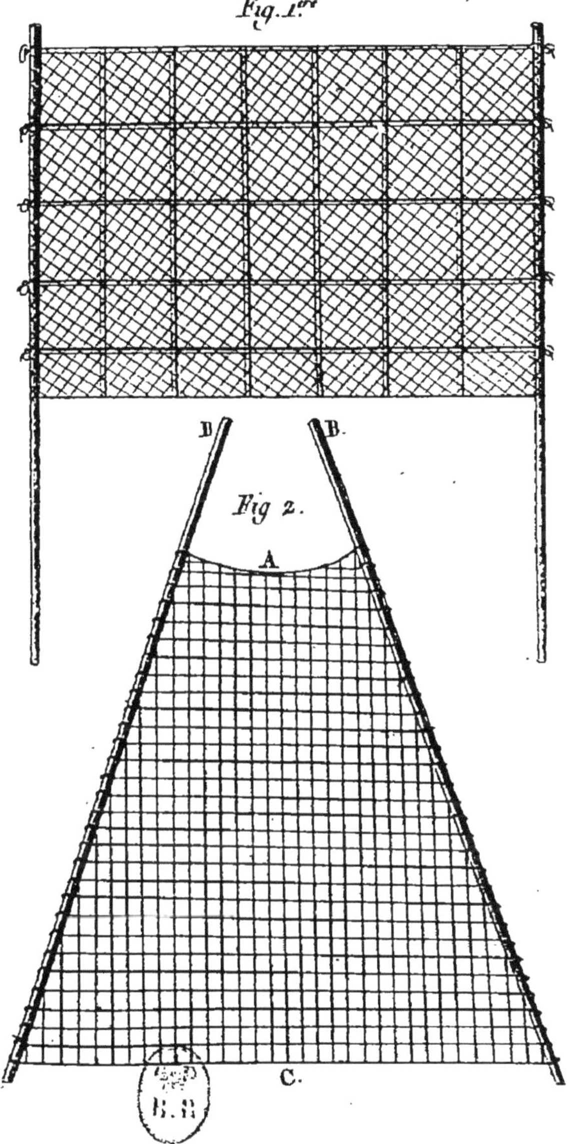

1. Rafle.   2. Traineau.

On se sert de ce filet contre les grives, les merles et autres oisillons.

§. 4. *De l'araignée.*

Ce filet, nommé quelquefois *aragne* et *areigne*, et par beaucoup d'oiseleurs *tramail*, est encore une espèce de petite pantière.

On en connaît de deux sortes : *l'araignée simple* et *l'araignée contre-maillée.*

La première, à laquelle on a reconnu beaucoup d'inconvéniens, ne paraît plus être souvent en usage. C'est une nappe à mailles en losange, d'un pouce de diamètre, d'un fil délié retors en deux brins, et le plus souvent faite en soie connue sous le nom de *bourre de soie.* Sa hauteur est de sept à huit pieds, et sa longueur de dix à douze. On la monte sur une forte ficelle, grosse comme une plume à écrire, que l'on passe dans le rang des mailles d'en haut dans lesquelles elle fait l'effet d'une tringle. On se servait autrefois de bouclettes dans lesquelles la corde était passée.

Aux deux bouts de cette corde sont liés deux bâtons de quatre ou cinq pouces de longueur, taillés en coin à une de leur extrémité, et que l'on nomme *triquets*. Quand, à l'endroit où l'on se propose de tendre l'araignée, il se trouve deux arbres ou deux arbustes assez forts et placés à une distance convenable, on fait une entaille sur une de leurs branches pour y faire entrer le coin de ces triquets ; à défaut d'arbres commodément placés, on se sert, pour ce service, de deux perches d'une dizaine de pieds de hauteur, enfoncées en terre et encochées à leur extrémité supérieure pour recevoir les triquets. Ceux-ci ne doivent être enfoncés qu'exactement ce qu'il est nécessaire pour soutenir le poids du filet, afin de céder à la moindre impulsion que peut lui donner un oiseau en se jetant dedans.

L'araignée contre-maillée n'est autre qu'un rafle fait sur des dimensions plus petites. Sa longueur est de dix à douze pieds, sa hauteur de sept. Les mailles des aumées sont carrées, et ont trois pouces de diamètre. Celles de la nappe sont à losange, et ont neuf lignes. On la monte aussi sur deux perches. On la fait plus souvent en soie et on l'emploie aux mêmes usages que le rafle.

§. 5. *Des panneaux.*

Dans le *Traité général des Chasses*, on a parlé des panneaux, en indiquant, dans la première partie, la manière de prendre le gros gibier à poil avec des toiles. Cette espèce de filet peut être employée contre la plupart des quadrupèdes, en proportionnant sa force à celle des animaux contre lesquels on veut l'employer. Nous allons décrire ici les panneaux que l'on destine à la chasse des lièvres et des lapins, et dont l'usage est bien plus commun.

On se servait autrefois de panneaux contre-maillés comme les halliers dont nous avons parlé tout à l'heure; mais on a renoncé à cette sorte de filet, dont le service était incommode, pour adopter les panneaux simples. Ceux pour les lapins doivent avoir quatre pieds de hauteur; leur longueur est arbitraire; les uns les font longs de cinquante toises; d'autres, de vingt-cinq à trente pieds. Nous observerons que les panneaux trop longs sont d'un usage incommode, et nous conseillons d'en avoir plutôt plusieurs pièces qui, placées les unes au bout des autres, font le même effet et sont plus faciles à manier et à tendre. On les fait de gros fil fort, retors, et en trois brins. On donne aux mailles un pouce et demi de largeur, et on commence la levure de façon que le filet ait quatre pieds de largeur ; la levure faite, on continue à mailler le filet sans décroître ni augmenter, afin qu'il soit partout d'une dimension égale. On lui donne, la longueur que l'on désire, en observant qu'on doit, pour qu'il ait, étant tendu, la longueur nécessaire, lui donner, en le faisant, un tiers de plus. En le tendant, il perd d'abord de sa longueur, ensuite il est essentiel qu'il fasse poche pour mieux embarrasser les lapins.

Pour monter le filet, il faut passer dans la lisière supérieure et inférieure un cordeau bien cablé et gros comme le petit doigt. Ces deux cordeaux doivent avoir de longueur environ six pieds de plus que celle du panneau tendu, afin de servir à l'attacher ; on les nomme *maîtres*.

Le panneau à lièvre se fait de la même manière ; les mailles ont environ deux pouces de largeur, et la hauteur du filet doit être de cinq pieds et demi. Du reste, on le garnit de cordeaux comme le filet à lapins.

6. §. *Des traîneaux.*

On connaît trois sortes de traîneaux, le *traîneau simple*, le *traîneau composé*, et le *traîneau portatif.*

Le traîneau simple se fait à mailles carrées d'un fil bien retors, connu sous le nom de *fil de Flandres* n° 24. Il est toujours plus long que large. La longueur du traîneau à perdrix est ordinairement de soixante pieds au moins ; sa largeur est de douze à quatorze. Ses mailles ont un diamètre de deux pouces. La longueur du traîneau à alouettes est de quarante à cinquante pieds ; sa largeur est de dix à douze, et ses mailles ont dix-huit lignes de diamètre.

On pourrait alonger davantage ces traîneaux, car souvent on donne quatre-vingts pieds à celui destiné à prendre des perdrix, mais on doit observer que, comme il faut le porter tendu, plus il a de longueur plus il devient lourd, et plus les porteurs sont obligés d'employer de force pour empêcher le milieu de toucher à terre.

On borde les traîneaux tout autour avec une ficelle forte et fine dont on laisse à chacun des quatre coins deux bouts longs d'un pied ; aux petits côtés sont attachés des ficelles de six pouces en six pouces, et, à l'un des grands côtés, d'autres ficelles de trois pieds en trois pieds ; on le laisse dans cet état pour le porter avec soi. Mais, arrivé sur le terrain où l'on veut en faire usage, on étend le filet à terre dans un endroit net d'ordures pour que rien ne s'y accroche ; on lie à chacun des petits côtés, au moyen des cordes et ficelles qui s'y trouvent, un bâton dont la longueur égale la largeur du filet, et, à celui des grands côtés où se trouvent les ficelles, autant de bouchons de paille qu'il y a de ces dernières : ces bouchons doivent pendre d'environ deux pieds et demi. Deux hommes portent chacun un des côtés du filet, en le tenant par la perche qui y est attachée ; le devant est élevé d'environ six pieds, et le derrière, qui est garni des bouchons de paille, est à environ deux pieds de terre, pour que ces mêmes bouchons, en y traînant, engagent le gibier à se lever. La fig. 2 de la pl. VI représente un traîneau simple, garni de ses perches et bouchons de paille ou branches d'arbres, et prêt à servir.

Le traîneau composé a la même forme que le précédent, seulement on donne à la toile des dimensions plus grandes en tous sens, de façon qu'étant bordée par une ficelle de même longueur que celle pour le traîneau simple, elle fronce de tous les côtés. Pour que cette ampleur ne se réunisse pas sur un seul point, on lie à la ficelle qui borde un des petits côtés du filet, à la distance de deux pieds en deux pieds, d'autres ficelles qui, traversant le traîneau dans sa longueur, sont fixées à la ficelle qui borde le second petit côté, et

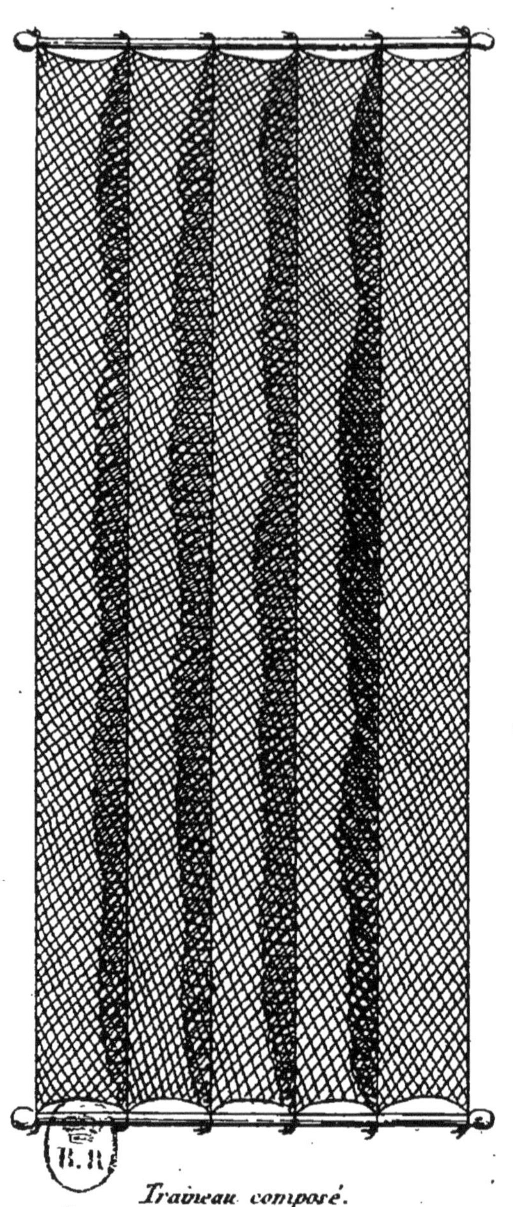

Traineau composé.

forment des bourses également réparties. On monte ce traîneau sur deux perches qui servent à le porter, et on attache
derrière quelques bouchons de paille qui ont la même destination que dans le traîneau simple. On fait usage de ce
traîneau de la même manière que du premier, seulement
les chasseurs ne s'arrêtent pas comme ils le font avec le
traîneau simple pour le laisser tomber sur le gibier qui se
lève; les bourses qu'il forme suffisent pour arrêter et embarrasser assez les alouettes, pour qu'on ait le temps de par-
courir un long espace, ce que l'on fait le plus vite possible,
avant que les premières prises puissent s'échapper.

La pl. IX représente ce traîneau; on peut juger, par sa
forme et l'explication que nous en avons donnée, de la manière de le monter.

Le traîneau portatif a la forme d'un triangle auquel on
aurait coupé un des angles, ce qui lui fait former quatre
côtés. On le fait à mailles en losange, du diamètre de dix-huit
lignes, et avec le même fil que l'on emploie pour le traîneau
simple. On le borde tout autour avec une forte ficelle. Pour
s'en servir, on l'attache sur deux perches, plus grosses à
un bout qu'à l'autre, et d'une longueur de douze pieds environ; ces perches sont liées aux deux grands côtés du traîneau par le moyen de ficelles que l'on y a fixées de six
pouces en six pouces; le gros bout de chacune est tourné
vers le côté le plus étroit du traîneau, et dépasse la corde
qui le borde d'environ quinze à dix-huit pouces.

Dans cet état, ce traîneau, nommé portatif parce qu'un
seul homme peut le manœuvrer, est propre à l'usage auquel on le destine. *Voyez* fig. 2, pl. VIII. Pour le porter,
on appuie contre le ventre la corde qui borde le côté A, et
les extrémités B B des perches portent sur les hanches; le
chasseur, avec ses deux mains, les saisit le plus ayant possible, ce qui lui donne plus de facilité; il élève le côté C à la

hauteur de cinq à six pieds de terre, et s'avance en portant ainsi le traîneau, et en posant de temps en temps à droite et à gauche le côté C de ce filet. De cette manière il bat le terrain et force le gibier à se lever ; aussitôt qu'il en entend, il s'empresse de le couvrir de son traîneau et s'en empare lestement.

Ce traîneau peut s'employer contre les perdrix et alouettes, mais plus communément contre les bécassines que l'on va chercher dans les roseaux sur le bord des marais.

§. 7. *Des nappes.*

En général, on entend par nappe toute pièce de filet, de quelque dimension que ce soit, dont le tissu est uni. Cette nappe, lorsqu'elle est ensuite montée, prend le nom particulier qui lui est attribué, suivant sa destination ; et, parmi les filets, il n'y a que ceux employés contre les alouettes, pluviers et canards, qui conservent le nom de *nappes* lorsqu'ils sont garnis de toutes les pièces qui servent à les faire jouer. On leur donne encore le nom de *rêts-saillant*, mais ceci dépend de la manière de les tendre.

Toutes les nappes proprement dites se font à mailles en losange ; celles destinées à la chasse aux alouettes ont une étendue de huit à dix toises de longueur sur huit pieds de largeur. Cependant quelques oiseleurs trouvent d'un usage plus commode celles qui n'ont que quarante-cinq pieds de long sur six de large. Les mailles se font avec un fil de Flandres, n° 36. On leur donne un pouce de diamètre. Néanmoins, si l'on voulait destiner la nappe à prendre d'autres oiseaux, des ortolans par exemple, il ne faudrait donner aux mailles que neuf lignes de diamètre. Elles sont bordées dans leur longueur d'une ficelle de la grosseur d'une plume à écrire, passée dans les mailles de l'enlarmure, mais qui n'y est pas fixée afin de pouvoir faire à volonté glisser le filet sur

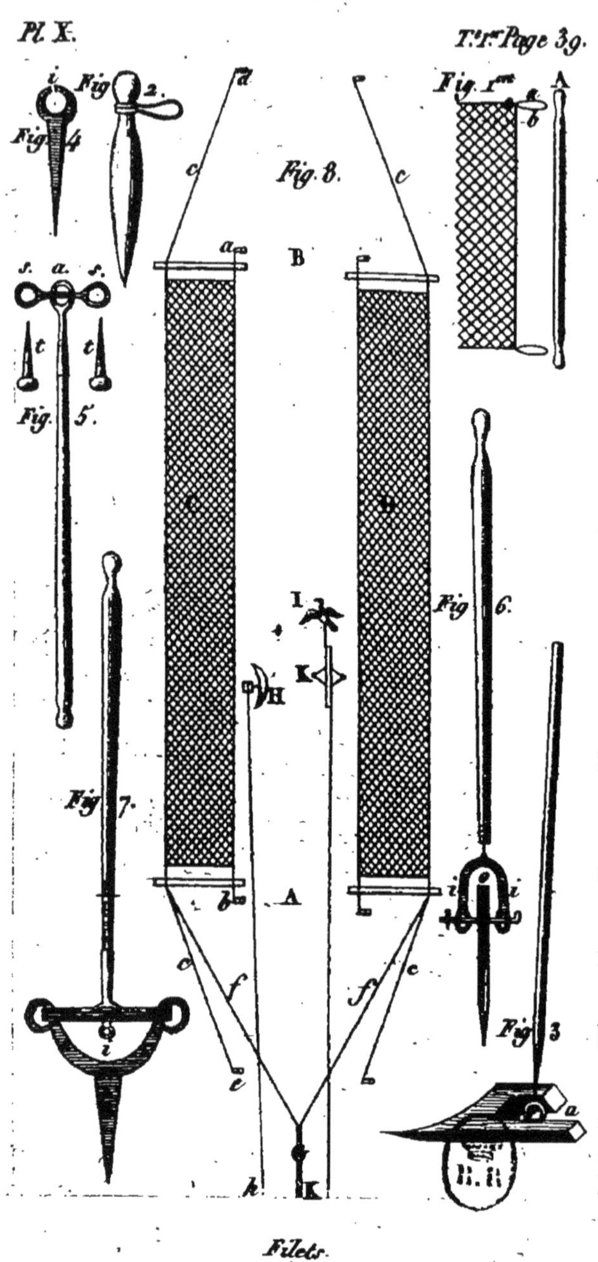

Pl. X.
T.r. Page 39.
Fig. 2.
Fig. 4.
Fig. 1.re
A
b
Fig. 5.
Fig. 8.
d
c
c
a
B
D
Fig. 6.
I
K
H
Fig. 7.
A
b
Fig. 3.
c
f
f
c
i
e
k
K
a
R.R.
Filets.

cette ficelle. Cette attention mérite d'être remarquée, parce qu'un temps plus ou moins humide resserre ou relâche les mailles.

Cette ficelle forme aux quatre coins de la nappe des boucles destinées à assujettir les *guèdes, guides ou guilles*, qui sont deux bâtons d'une longueur plus qu'égale à la largeur de la nappe, et qui, attachés à chacune de ses extrémités, servent à la tenir étendue et à la diriger suivant l'intention du nappiste.

Nous allons faire connaître ici tous les ustensiles qui complètent l'équipage du nappiste et lui sont nécessaires pour faire agir ses nappes.

Les guides sur lesquelles on fixe les extrémités des nappes, sont faites d'un bois flexible, tels que le frêne, l'orme, ou le noisetier. Leur diamètre est d'environ neuf lignes. A leurs extrémités est pratiquée une gorge pour retenir le nœud qui les lie à la nappe et aux cordes des piquets et de tirage ; pour attacher les guides aux boucles qui se trouvent à chaque coin de la nappe, on passe sous l'extrémité A de la guide, fig. 1re, pl. X, les deux branches *a, b*, de la boucle réunies, on les ramène par-dessus la guide, ensuite dessous la boucle *o*, puis on ouvre cette dernière, et on engage dans son ouverture l'extrémité A de la guide, de façon que la branche *a* de la boucle soit dessus, et l'autre branche *b* dessous. Dans cet état on tire la partie *o*, et on serre le nœud d'une manière solide.

Pour monter les nappes à alouettes, on fixe à chaque extrémité une guide, dont les deux bouts sont pris dans les boucles, au moyen du nœud que nous venons d'indiquer. Cela fait, on les étend à terre vis-à-vis l'une de l'autre, et on laisse entre elles un espace de terrain un peu moindre que la largeur des deux nappes, de manière qu'il soit exactement recouvert lorsque ces deux filets s'abattent, et que l'un des deux croise un peu sur l'autre.

Il y a plusieurs moyens employés pour faire jouer les nappes. Nous allons les indiquer. Le premier est le plus facile à se procurer, parce qu'on peut le faire soi-même. C'est le *piquet simple* ou *à cordes*, fig. 2. C'est un morceau de bois rond d'un pouce environ de diamètre, et d'une longueur de douze, pointu à son extrémité inférieure et ayant en haut une gorge et un renflement qui fait tête. On a une corde de la même grosseur que celle qui borde les nappes, et d'une longueur de deux pieds; on la met en double, on noue les deux extrémités, et on la fixe à la tête du piquet par un nœud semblable à celui décrit pour attacher la guide à la nappe. C'est avec l'excédant de cette corde que l'on fixe le bout inférieur de la guide, en faisant encore le même nœud, mais en observant de prendre dedans, la boucle qui attache cette guide au filet, ce qui rend l'un et l'autre nœud plus solides. On a quatre piquets semblables à celui que nous venons de décrire pour tendre les deux nappes.

Piquet à broche et anneau. Ce piquet, fig. 3, se compose d'un morceau de bois de hêtre, aplati à sa partie supérieure, et terminé en pointe par le bas. Sa longueur est d'un pied, sa forme est à peu près celle d'un gousset de menuiserie très-alongé. La partie supérieure *a* est épaisse d'un pouce, et large de deux et demi. Dans cette largeur est pratiquée une entaille carrée *a*, de neuf lignes d'ouverture, sur deux pouces de profondeur. Cette entaille fait l'effet d'une fourche carrée. Chacune de ses branches est percée transversalement d'un trou, pour le passage d'une broche en fer de la grosseur d'une plume à écrire; cette broche est fixe ou mobile. Dans le premier cas, elle est rivée des deux côtés sur le piquet. Alors le bout de la guide est garni d'une douille en fer terminée par un œillet incisé à sa partie inférieure pour pouvoir embrasser la broche. Cette douille est longue d'au moins six pouces, et son diamètre va en augmentant depuis l'anneau jusqu'à son ouverture pour y embrasser toute la grosseur de la guide, dont le bout est taillé pour être emmanché juste. D'autres remplacent cette douille par un piton, fig. 4, dont l'œillet est également incisé au point i, et dont la pointe est enfoncée en long dans l'extrémité de la guide qu'il faut avoir soin de viroler pour l'empêcher d'éclater. L'incision faite à l'œillet du piton doit être oblique, pour que la broche ne puisse pas en sortir seule. Ce piton a cinq ou six pouces de longueur, et son épaisseur qui se termine en pointe est, auprès de l'anneau, d'environ cinq lignes. Quand la broche est mobile, elle a, d'un côté, un anneau pour pouvoir la saisir quand on veut la placer ou l'ôter; l'autre bout doit passer aisément dans les trous des branches du piquet. Ce bout est percé d'un trou pour recevoir une clavette qui retienne la broche. Dans ce cas, l'œillet du piton ou de la douille est plein, et la broche le traverse. Cette broche, dans l'un et l'autre cas, sert d'axe à l'anneau de la guide qui pivote sur elle. La fig. 3 représente le piquet et la guide qui se meut sur lui.

Ayant quatre guides garnies d'une douille à anneau, comme celle dont nous venons de parler, on les monte d'une autre manière encore. Dans l'anneau a de la douille qui termine la guide, fig. 5, est passée une broche en fer longue de trois pouces et d'un diamètre d'environ trois lignes. Cette broche a, à ses deux extrémités, un anneau s, s, d'un pouce de diamètre, dont l'un est forgé après le passage de la broche dans l'œil de la douille. Deux piquets t, t, longs d'un pied, et enfoncés en terre, traversent chacun un de ces anneaux, et fixent la broche en fer, de manière à ce qu'elle serve de point d'appui au mouvement de la guide.

La fig. 6 représente une guide qui offre une autre disposition. Un piton, enfoncé dans la guide virolée à son extrémité pour plus de solidité, forme une fourche à branches aplaties *i, i,* ayant trois pouces d'ouverture, et quatre pouces de longueur. L'extrémité de chacune de ces branches est percée d'un trou servant au passage d'une broche en fer à anneau d'un côté et à clavette de l'autre. Cette broche a environ trois lignes de diamètre; elle traverse également, dans son épaisseur, la partie supérieure d'un piquet en bois, *o.* Ce piquet, enfoncé en terre, soutient la guide qui tourne dessus la broche en fer qui lui sert d'axe.

Enfin la fig. 7 représente une guide disposée encore par un moyen différent, mais que nous avons cru devoir faire connaître à nos lecteurs.

A est la guide que l'on suppose fixée à la nappe. Elle est également garnie d'une douille; seulement, au lieu d'être terminée par un anneau, elle l'est par un bouton. B est un piquet en fer long de neuf pouces, ayant en haut un pouce d'équarrissage et pointu par le bas. Il est rivé dans le milieu d'une branche *c, c,* également en fer, de six lignes d'équarrissage, et d'une longueur de six pouces. Cette branche est courbe, et chacune de ses extrémités *c, c* est terminée en anneau du diamètre d'un pouce. La courbure de cette branche élève les anneaux à trois pouces au-dessus du niveau du piquet rivé. Ces anneaux reçoivent une corde fine passée plusieurs fois dans chacun, et légèrement tendue. Au milieu de cette corde on engage le bouton *i* de la douille, et on la tourne comme on fait le bâton de la monture d'une scie. Lorsqu'elle est suffisamment tordue, on repousse la douille pour que le bouton soit près de la corde, et on y emmanche la guide. On sent que, pour tendre la nappe, il faut observer que la corde soit tordue dans le sens convenable, et néanmoins pas assez pour qu'elle puisse par elle-même faire lever le filet. Aussi des nappes à alouettes, bien tendues par ce moyen, exigent moins de force de la part du nappiste pour les faire abattre, parce que les cordes tendant à se détordre feront, en même temps que lui, effort pour ramener les guides qui se rabattent alors plus vivement.

Tels sont les différens moyens que l'on peut employer pour fixer les guides et les faire jouer. Revenons maintenant à la méthode la plus convenable de tendre les nappes:

On choisit, pour tendre les nappes, un terrain autant uni que possible, et que l'on débarrasse de tout ce qui pourrait gêner les mouvemens. On les place vis-à-vis l'une de l'autre à une distance telle, qu'étant rabattues, elles croisent l'une sur l'autre d'environ six pouces. *Voyez* la fig. 8, pl. VIII, p. 39.

Le côté des nappes tourné vers l'endroit où le chasseur a intention de se placer se nomme *tête*; il est en A, fig. 8; la partie opposée s'appelle *queue*. *Voy*. B, même fig. Le nappiste, placé à la tête du filet, commence par attacher à l'extrémité de la nappe gauche C, la guille ou guide destinée à faire mouvoir le filet, et cela au moyen des boucles que la corde qui borde le filet forme à chaque coin. Il enfonce ensuite le piquet *a* sur lequel doit pivoter la guide qu'il y fixe. Cela fait, il se transporte à la queue de la nappe, y fixe la guide, soulève ensuite la nappe en la secouant, puis la tire à lui pour la faire tendre parfaitement, et enfonce le second piquet *b* exactement sur l'alignement du premier, et de façon que la lisière de la nappe soit tendue aussi raide que possible. Pour tendre le côté extérieur de la nappe, il emploie deux cordes *c,c*, d'une longueur triple de la largeur de la nappe ; l'une des extrémités de chaque corde est fixée à un piquet à crochet, et l'autre est terminée par une boucle. Au moyen de cette boucle, il enlace l'extrémité supérieure de la guide, et prend dans l'enlacement la boucle qui fixe la guide à la nappe pour l'empêcher de glisser ; il tire à lui la corde de manière à ce qu'elle vienne diagonalement de la tête de la guide sur l'alignement de la lisière intérieure de la nappe, et là il enfonce le piquet à crochet *d*, qui la maintient dans l'état de tension convenable. Dans cette position, la guide placée sur une ligne droite doit être à plat sur terre. Après avoir ainsi fixé le bout supérieur de la guide du côté de la tête, le nappiste en fait autant du côté de la queue au moyen du piquet *e*, et veille à ce que la lisière extérieure de la nappe soit tendue aussi raide que celle de l'intérieur.

La nappe gauche ainsi disposée, le nappiste en fait autant à celle de droite D, en s'y prenant de la même manière ; seulement il observe de la tendre de façon que la guide du côté de la tête soit à environ six pouces en-dessous ou en-dessus de l'alignement de la guide de gauche ; ce qui maintient, la nappe étant tendue, la même distance dans l'alignement des guides de la queue, afin qu'en faisant mouvoir le filet, les guides ne puissent se rencontrer, et empêcher par cette raison l'effet que l'on désire.

Les deux nappes placées comme on vient de l'indiquer, on doit examiner si rien ne peut gêner leurs mouvemens ; et, à l'aide de la pioche dont on est muni, on dégage la terre qui pourrait ou empêcher que les guides posent bien à plat, ou porter obstacle au pivotement sur les piquets intérieurs.

Pour faire jouer les deux abattans de cette tendue, on fait usage d'une corde d'une longueur suffisante pour aller de la tête des nappes jusqu'à l'endroit où se place le chasseur. Cette corde se subdivise du côté du filet en deux cordes *f*, *f*, terminées chacune par une boucle, et ayant, de cette boucle jusqu'à l'endroit de leur réunion, une longueur égale à quatre fois la largeur des nappes. Au moyen des boucles qui terminent ces cordes, on enlace l'extrémité supérieure de chacune des deux guides de la tête du filet; et, dans cet état, en tirant à soi la corde G, que l'on appelle corde de tirage, on voit si les abattans font aisément l'effet voulu, et si l'un des deux ne met pas plus de temps à tomber que l'autre, ce qui dépend seulement de la position des piquets qui tiennent les cordes employées à tendre le côté extérieur des nappes; il suffit alors de rapprocher vers le centre un des piquets ou les deux de l'abattant dont le mouvement est trop lent.

On cherche ordinairement à avoir le vent à dos; cependant, dans quelques circonstances, on néglige cette règle, et quelquefois, dans ce cas, c'est le vent qui retarde la chute d'un abattant. Il suffit alors de raccourcir le bras de la corde de tirage qui doit faire mouvoir l'abattant opposé au vent, parce qu'étant tiré avec une force plus puissante que celle qui agit sur l'autre abattant, il surmontera l'effort du vent et tombera en même temps.

Dans cet état, le nappiste conduit la corde de tirage jusqu'à l'endroit où il se place que l'on appelle la *forme*; à l'aide de sa pioche, il creuse un peu la place où il met ses pieds pour avoir un point d'appui à leur donner, et relève cette terre sous lui pour en faire un siége.

Les moyens que nous venons d'indiquer pour faire jouer les nappes à alouettes conviennent en général à toutes les nappes, tant pour les petits oiseaux que pour les pluviers et canards.

Les nappes à canards se font à mailles en losange de trois

pouces de diamètre ; la longueur est de cinquante à soixante pieds , et la largeur de six à neuf. On les enlarme des deux côtés ; et, lorsqu'on les tend dans l'eau, on garnit la lisière intérieure (quand les nappes sont tendues) de balles de plomb, pour opposer un poids assez fort aux canards. On emploie souvent aussi des guides en fer , dont le bout supérieur est plus lourd que celui attaché aux piquets.

Les nappes à pluviers se font à mailles en losange de deux pouces de diamètre , mais avec un fil pareil à celui que l'on emploie pour les nappes à canards. Leurs proportions sont également les mêmes.

On tend le plus souvent sur une seule ligne les nappes à pluviers ; ce qui arrive aussi pour les alouettes dans la chasse qu'on leur fait l'hiver , et que l'on nomme *la ridée*. Pour tendre ainsi, on se sert de trois guides, une à chaque bout et une dans le milieu qui réunit les deux extrémités. Cette dernière guide n'est point fixée à un piquet pour lui servir de pivot. On tend ces deux nappes bout à bout, de la même manière que nous l'avons dit plus haut pour une nappe simple. On fait jouer les nappes ainsi tendues au moyen d'une seule corde de tirage; mais, pour qu'elle puisse faire son effet facilement, on plante, à quinze pieds de la tête des nappes , et à deux pieds en-dedans de l'alignement du terrain qu'elles doivent recouvrir, un piquet garni d'une poulie à chappe dans laquelle passe la corde qui se prolonge jusqu'à la forme. Cette poulie sert de point de direction à la corde de tirage et rend le jeu des nappes très-vif, surtout quand elles sont tendues raides.

Nous renvoyons aux articles des différens oiseaux pour les détails particuliers aux chasses dans lesquelles on emploie cette espèce de filet, n'ayant, dans cet article , à traiter que de la composition de ces mêmes filets et des moyens par lesquels on les tend.

§. 8. *De la tirasse.*

La tirasse que quelques oiseleurs nomment encore nappe à cailles, parce que c'est principalement contre ces dernières qu'on l'emploie, n'est effectivement qu'une nappe dont les dimensions varient de dix-huit à vingt-quatre pieds ; on donne aux mailles, qui se font carrées, un diamètre de quinze lignes. Généralement on regarde comme d'un service plus commode celles qui ont vingt pieds carrés. Ces nappes se font en fil de Flandres, n° 8 ; on en fait souvent en soie, et celle qne l'on y emploie est connue dans le commerce sous le nom de *galette fine.*

La tirasse doit être enlarmée tout autour avec une ficelle fine et forte, quand elle est faite en fil, ou avec un cordonnet de soie, si on la fait en soie. Quand on la destine à être traînée, on passe dans l'enlarmure d'un des côtés un cordeau fin, mais très-solide, d'une longueur de douze pieds de plus que le côté de la nappe, afin qu'il puisse la déborder de chaque côté d'environ six pieds.

On chasse quelquefois aux perdrix avec la tirasse. La forme en est la même, la dimension est de vingt-quatre pieds carrés. On la fait toujours en fil, mais du double de force que celui employé pour les nappes à cailles ; les mailles sont carrées et ont deux pouces de diamètre. On la borde également d'une ficelle fine et forte ; et, comme on l'emploie toujours en la traînant, on la garnit d'une corde qui déborde chaque côté de six pieds.

§. 9. *Des poches ou pochettes,*

Cette espèce de filet prend son nom de ce que l'on le ferme comme une bourse. Voici comment on le fait :

On commence par la levure, à laquelle on donne la quantité de mailles proportionnée à la largeur que doit avoir la pochette, et on poursuit jusqu'à la longueur convenable. Ensuite on assemble toutes les dernières mailles de chaque bout, pour en former une boucle à peu près de la même manière qu'un tailleur fait une boutonnière. Lorsque les deux boucles A, B, fig. 1, pl. XI sont achevées, on lie à celle A une ficelle que l'on passe dans toutes les mailles du côté *d*, et que l'on fait ressortir par la boucle B; et, à cette même boucle B, on lie une seconde ficelle qui passe dans toutes les mailles de l'autre côté *c* de la pochette et va ressortir par la boucle A, de façon qu'en tirant le bout de chacune de ces ficelles, la pochette se ferme comme une bourse.

La dimension à donner aux pochettes est de trois pieds entre chaque boucle, tant pour les perdrix que pour les faisans. On fait les mailles en losange, et on leur donne, pour les pochettes à perdrix, deux pouces de diamètre, et, pour celle à faisan, trois pouces. Le fil que l'on y emploie est retors en trois brins; pour les perdrix, c'est du fil de Flandres, n° 12, et, pour les faisans du fil de Flandres, n° 8. C'est de la même manière qu'on fait les poches à lapins; le fil et la grandeur des mailles sont les mêmes que pour les faisans. La dimension à leur donner est de quatre pieds entre chaque boucle.

§. 10. *De la tonnelle.*

Ce filet, spécialement employé à la chasse des perdrix, consiste en une espèce de poche longue d'environ quinze pieds. On le fait en fil de Flandres, n° 24, et on donne aux mailles de dix-huit à vingt lignes de largeur. On fait ce filet comme nous l'avons indiqué page 21 pour les filets coniques. Il doit avoir, à son embouchure, environ deux pieds de diamètre, et seulement cinq ou six pouces à l'autre extrémité. Il faut faire des rappetisses tous les cinq rangs.

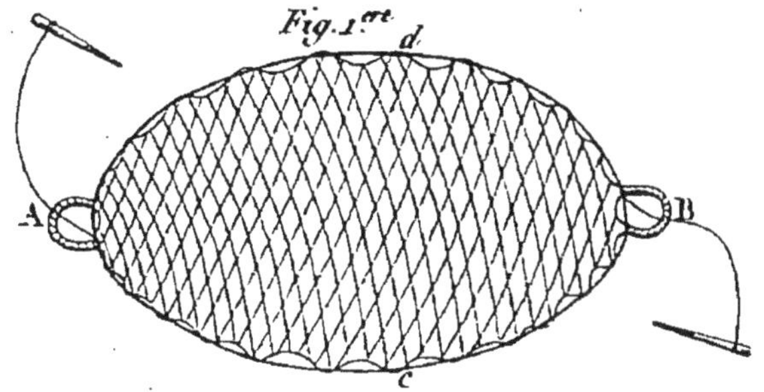

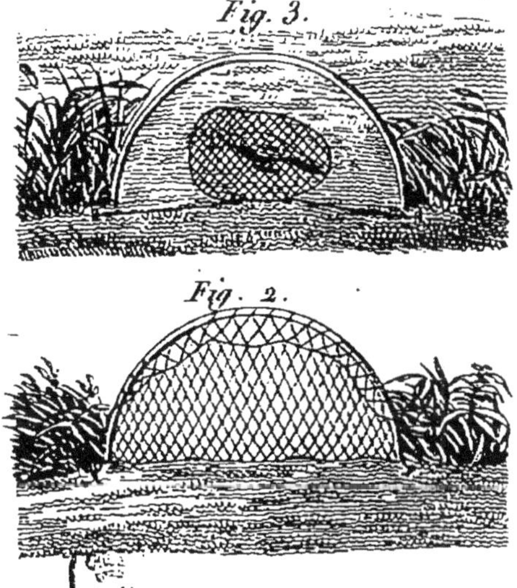

Filets.

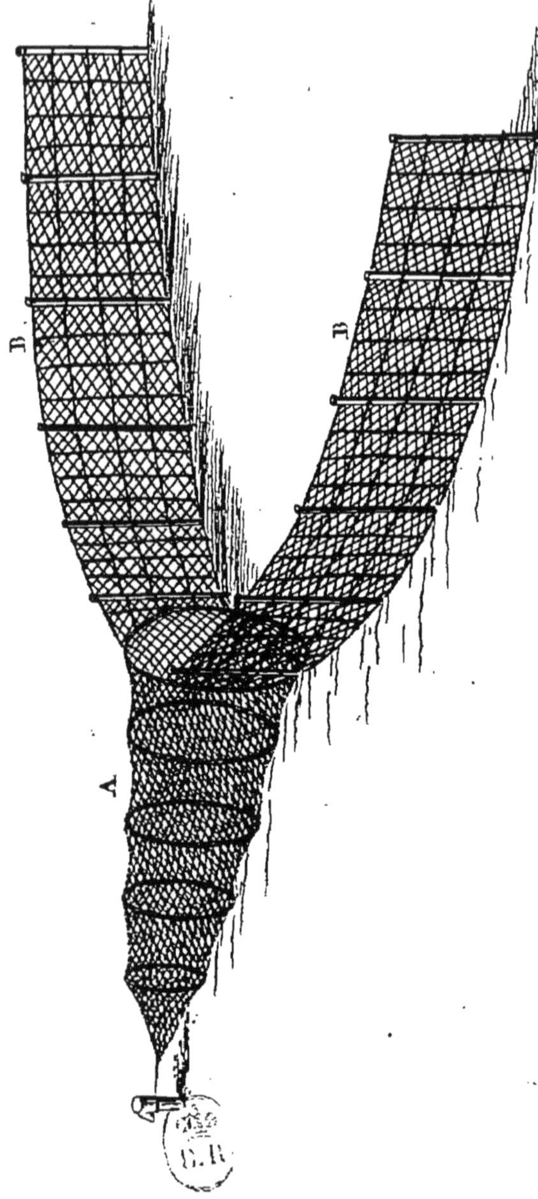

Pl. XII.
T.e I. Page 49.
B
B
A
Tonnelle.

Lorsque la tonnelle est achevée, il faut, pour la maintenir ouverte, des petites baguettes d'un bois souple et pliant, auxquelles on fait former le cercle en réunissant et fixant les deux extrémités. On place une de ces baguettes intérieurement à l'embouchure, et les autres de distance en distance; on les assujettit aux mailles de la tonnelle pour les empêcher de glisser et de sortir de leur place.

Lorsqu'on tend la tonnelle, on forme à son embouchure deux ailes avec des halliers. *Voyez* l'article *Perdrix* et la pl. XII. A est la tonnelle, B B sont des halliers déployés en ailes.

§. 11. *Filet en forme de sac pour porter les oiseaux.*

Nous avons indiqué, en parlant de la manière de faire les filets ronds, la méthode à suivre pour faire celui-ci. La dimension des mailles devra être de neuf lignes pour les petits oiseaux, et ainsi de suite pour les plus gros.

Il sera bien de faire autour de l'entrée de ce filet une espèce de boutonnière semblable à celle que nous venons d'indiquer pour les pochettes, et qui en détermine l'ouverture au point convenable, c'est-à-dire ne permettant que le juste passage de la main et de l'oiseau. Lorsque les mailles de l'entrée sont seulement fermées par une ficelle passée dans chacune d'elles, et qui les serre comme une bourse, il arrive souvent que le filet s'ouvre plus qu'il ne faut, et qu'en lâchant l'oiseau dans le sac, il trouve le moyen d'échapper.

§. 12. *Teinture des filets.*

On n'emploie jamais les filets sans les teindre. Trois couleurs sont en usage : le vert, le jaune et la couleur feuille-morte.

Les filets que l'on veut avoir verts se font plus ordinairement avec du fil ou de la soie teints de cette couleur par les teinturiers, parce qu'elle est beaucoup plus solide. Cependant, quand on ne peut s'en procurer de tels, on a recours au moyen suivant. On prend du blé vert, haché et pilé jusqu'à ce qu'il soit réduit en bouillie ; on en frotte bien le filet partout, puis on le laisse vingt-quatre heures tremper dans ce mélange ; on l'en retire ensuite, et on le fait sécher.

La plupart des filets employés à la chasse sont teints en vert, parce que cette couleur est celle dont les oiseaux se méfient le moins, puisqu'ils la voient le plus souvent. Ainsi les halliers, les nappes à alouettes, les tirasses à cailles et perdrix, etc., devront être teints de cette couleur.

La couleur jaune s'obtient en frottant partout le filet avec l'herbe, connue vulgairement sous le nom d'*éclaire* ou *grande chélidoine*. On la prend à poignée ; et l'on en frotte le filet comme si l'on le savonnait. Quand il est sec, il est d'un jaune sale ; cette couleur est peu employée.

La dernière couleur, qui est feuille-morte, est la plus commune et celle qui conserve le mieux les filets. On se sert pour cet objet de tan ou d'écorce de chêne que l'on fait bouillir pendant vingt-quatre heures ; et, dans cette décoction, on laisse tremper pendant quelques heures le filet que l'on veut teindre.

A défaut de tan, on peut employer avec un égal succès l'écorce de racines de noyer que l'on coupe en morceaux et que l'on fait bouillir pendant une heure. On laisse ensuite tremper dans cette liqueur le filet pendant vingt-quatre heures.

Cette couleur est généralement adoptée pour les filets qui fatiguent le plus, et dont on se sert à la fin de l'automne ou pendant la nuit. Les nappes à canards particulièrement que l'on tend dans l'eau doivent être teintes de cette manière.

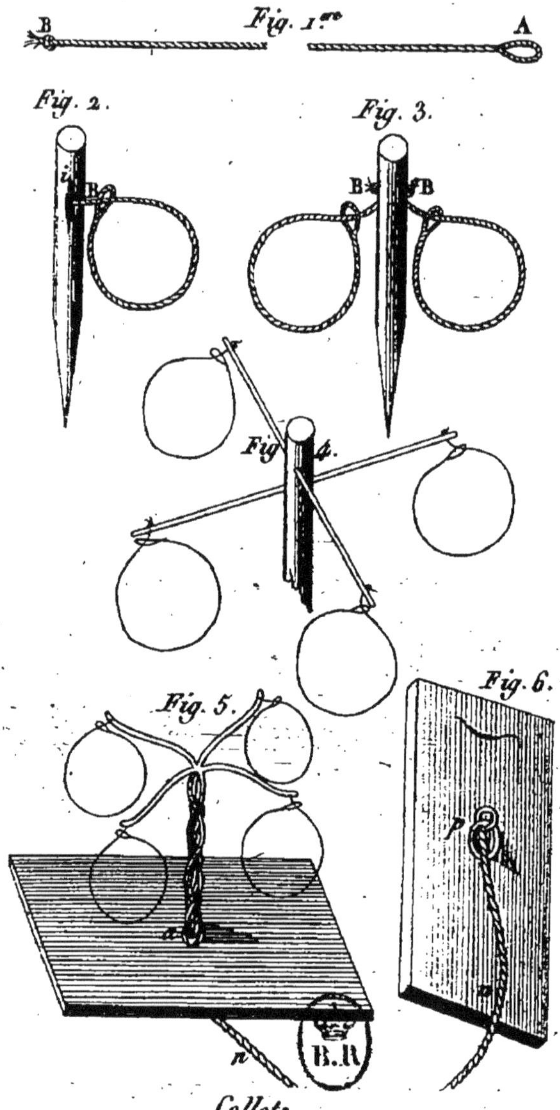

B
Fig. 1.re
A
Fig. 2.
Fig. 3.
B
B
B
Fig. 4.
Fig. 5.
Fig. 6.
B.R
Collets.

CHAPITRE II.

DES COLLETS.

Nous comprendrons sous cette dénomination générale tous les piéges dans la confection desquels entre un collet. Ces piéges sont assez nombreux, et très-productifs; ils s'emploient également contre le gibier qui vaut un coup de fusil, ainsi que contre la multitude d'oisillons qu'il devient trop coûteux d'atteindre de cette manière, et qui causent souvent des ravages considérables dans les champs et les vergers.

On compose le plus ordinairement les collets de crins de cheval tordus, dont le nombre varie suivant la force du gibier contre lequel on les dispose, depuis deux crins jusqu'à douze, avec lesquels on obtient toute la résistance possible. On en fait également en fil de chanvre, et quelquefois en fil de fer ou de laiton semblable à celui que l'on emploie pour les instrumens de musique.

De quelque matière que soit formé un collet, il faut qu'il ait une boucle à une de ses extrémités, dans laquelle on passe l'autre bout du collet, afin de former un nœud coulant. Dans la figure 1re, pl. XIII, la boucle A reçoit le bout B. Lorsque l'on fait les collets avec des crins de cheval, on les plie en double, et on les tord. On fait ensuite un nœud pour arrêter tous les bouts, comme on le voit en B, fig. 1re, et la boucle se trouve formée par le pli du milieu des crins. Quand le collet est fait de fil de chanvre, on garnit un des bouts d'un petit anneau de cuivre, pour que le fil coule plus aisément. Nous classerons les collets en trois espèces principales; savoir : *les collets simples, ceux à ressort, et les lacets.*

Section Ire.—Des collets simples.

Nous comprendrons dans cette section tous les piéges dans lesquels le nœud coulant formé par le collet, dont une extrémité est fixée par un moyen quelconque, se serre sur lui-même, lorsqu'un animal, engagé dans le cercle qu'il décrit, le tire dans un sens opposé à celui où il est retenu.

Ces collets ont reçu des noms particuliers qui dérivent des différentes manières de les employer. Ainsi nous les distinguerons en *collets piqués* ou *à piquet*, *collets traînans*, et *collets pendans* ou *pendus*.

§. 1. *Des collets piqués ou à piquet.*

Les collets piqués sont ceux dont l'ouverture est élevée verticalement au moyen d'un piquet, et tournée de façon que l'oiseau se prenne par le col. La fig. 2, pl. XII, représente un de ces collets. Le piquet se fait avec une branche de coudrier ou d'autres bois verts. On lui donne une longueur de dix-huit pouces à deux pieds, quelquefois davantage, suivant les circonstances. La partie inférieure est taillée en pointe, pour entrer plus facilement en terre. On fait avec une lame de couteau une fente *i* à l'extrémité supérieure de ce piquet, et on y introduit le bout B du collet qui s'y trouve retenu par le resserrement du bois et le nœud fixe qui le termine.

La fig. 3 est celle d'un collet double à piquet. Ce dernier présente un collet à gauche et à droite, dont les bouts B B sont également fixés dans une fente pratiquée à son extrémité supérieure.

On dispose ces collets le long des haies vis-à-vis des endroits où il existe une passée, en travers des petits sentiers, et généralement sur tous les passages d'oiseaux, ou des lièvres et lapins. Lorsque le piquet est planté et le collet ouvert, la courbure inférieure de ce dernier doit tomber à deux travers de doigts du sol. Quelquefois la passée que l'on garnit d'un collet est trop large pour qu'il la ferme exactement; dans ce cas, on plante, de chaque coté, des petites branches, hautes d'un pied à quinze pouces, que l'on nomme *garnitures*, et qui, ne laissant aucune issue à l'animal, le forcent de donner dans le collet, où il croit voir le passage libre. On se sert aussi, dans d'autres occasions, de ces mêmes garnitures, à l'aide desquelles on forme une ou plusieurs haies artificielles, auxquelles, de distance en distance, on laisse des trouées pour y placer des collets. En jetant à l'entour quelques grains, on engage les oiseaux à fréquenter cet endroit où ils se font bientôt prendre.

On emploie également contre les canards les collets à piquets simples et doubles, que l'on tend sur l'eau, ou entre deux, à l'aide de piquets auxquels on donne alors plus ou moins de longueur, suivant la profondeur de l'eau et l'état du fond, et dans ce cas on se sert assez souvent de collets disposés comme ceux qu'indique la fig. 4, pl. XIII. C'est un piquet dont la longueur dépend des circonstances que nous venons d'indiquer; sa partie supérieure est percée de deux trous au-dessus l'un de l'autre, et formant la croix. Dans ces trous on passe un bâton d'un bois dur, de la grosseur du petit doigt, et long d'environ deux pieds; et, à chaque extrémité à laquelle on fait une fente, on suspend un collet, ce qui fait que ce piquet en porte quatre quand il est planté; on jette sous les collets quelques poignées de blé cuit pour inviter les canards à plonger. Quelquefois on emploie pour cet usage une mile couverte d'une couche de terre glaise, sur laquelle on sème le grain. On dispose encore les collets sur la taille elle-même, ainsi que nous allons le dire; mais cet appareil s'accommode moins aisément aux localités que le piquet à quatre collets, dont la préparation est d'ailleurs infiniment plus prompte.

La fig. 5, pl. XIII, représente une tuile, dans le milieu de laquelle on a pratiqué un trou *a* pour le passage de quatre branches de fil de fer. Pour cela on en prend deux bouts de la grosseur d'une plume à écrire, et d'une longueur proportionnée à la profondeur de l'eau où l'on veut placer la tuile, et suffisante pour qu'étant ployés en deux, et ensuite tordus, ils puissent encore former quatre branches, longues d'environ un pied, et légèrement recourbées à leur extrémité, où l'on attache un collet. Pour préparer la machine, ainsi que le représente la figure, on passe dans le trou de la tuile les quatre extrémités des deux bouts de fil de fer ployés. Ceux-ci sont fixés au moyen de l'anneau qui s'est formé en les ployant, et qui est trop grand pour passer par le trou. A cet anneau on noue une corde *n*, pour pouvoir retenir la tuile, et l'empêcher d'être emportée par les canards qui se prennent aux collets. On entrelace ensuite les quatre bouts de fils de fer que l'on dispose à une distance égale les uns des autres, et on attache un collet à chacun. On couvre cette tuile de terre glaise, et on y mêle l'appât destiné à attirer les canards.

La fig. 6 offre le dessous de la tuile; on y voit l'anneau P formé par les fils de fer et attaché à la corde *n*.

§ 2. *Des collets traînans.*

Ces collets sont ainsi nommés, parce qu'on les dispose à plat sur la terre pour arrêter par les pattes les oiseaux marcheurs, tels que les alouettes, perdrix, etc. Sur une forte ficelle, d'une longueur qui dépend de la tendue que l'on veut faire, on attache de distance en distance le nombre de collets nécessaires. Il faut observer que l'intervalle entre les collets doit être suffisant pour qu'ils ne puissent se toucher ou se mêler.

On étend cette ficelle le long des raies des champs ou des sillons ; on ouvre tous les collets, et on sème à l'entour les graines que préfèrent les oiseaux que l'on a dessein de prendre et que l'on sait fréquenter le canton. Pour que ceux qui s'y prendraient né puissent entraîner la corde principale, ou, en se débattant, mettre de la confusion dans les collets, on a soin de l'assujettir à terre, au moyen de piquets à crochet que l'on plante de deux pieds en deux pieds. On peut tendre à la fois plusieurs de ces cordes, pour couvrir une plus grande étendue de terrain, ou faire partir de la corde principale quelques autres ficelles dans des directions différentes ; on les garnit également de collets disposés de la même manière, et on les assujettit par des piquets semblables.

Quelques oiseleurs donnent le nom de *lacets* à ces collets ; nous ne croyons pas qu'ils doivent être désignés sous ce nom, et nous avons distingué de cette espèce de piéges le lacet auquel nous avons consacré un article après celui dont nous nous occupons.

§. 3. *Des collets pendans* ou *pendus.*

On donne ce nom à tous les collets que l'on attache aux branches d'arbres, aux buissons, aux baies, aux arbustes qui portent des baies, à l'aide de différens supports auxquels ils sont suspendus.

La forme de ces supports varie et dépend en général de l'imagination de l'oiseleur, et des localités. La seule règle à observer est de disposer toujours les collets au-dessus d'un point d'appui qui puisse offrir à l'oiseau un endroit commode pour se percher, et d'où il ne lui soit pas possible d'atteindre au fruit que l'on y a placé pour appât, qu'en engageant sa tête dans le cercle que forme le collet.

On se sert assez souvent, pour suspendre le collet, d'un

piquet semblable à celui que représente la fig. 1, pl. XIV. Le piquet A est plus ou moins long, suivant sa destination ; il est garni d'une marchette *d*, qui, placée au-dessous du collet B, présente un juchoir commode aux oiseaux. Le collet B est fixé à l'extrémité supérieure du piquet de la manière que nous avons indiquée pour les collets piqués. La distance qui existe de la tête du piquet à la marchette est calculée de manière que l'oiseau, s'y plaçant, puisse atteindre aux fruits que l'on lui offre pour appât, et qui sont attachés au moyen d'un fil à cette tête du piquet. Il faut aussi que le collet soit assez bien placé pour que l'oiseau soit obligé d'y engager sa tête pour atteindre à l'appât. La partie *c* du piquet est celle au moyen de laquelle on le lie ou à une branche d'arbre ou à la cime d'un buisson, mais en le rendant aussi visible que possible. Quelquefois cette partie *c* est beaucoup plus longue, et son bout inférieur est taillé en pointe ; on s'en sert alors comme dans le collet à piquet, en l'enfonçant en terre à l'entour des haies et des buissons, et de manière que la marchette soit élevée d'environ un pied ou quinze pouces.

C'est principalement contre les merles que l'on emploie cette espèce de collet. On en prépare un grand nombre que l'on place sur les haies et sur les buissons, et que l'on plante en terre, etc., à l'époque où la disette des fruits engage ces oiseaux à se jeter avidement sur ceux qui s'offrent à leur vue. C'est cette remarque qui doit engager l'oiseleur à conserver de ces fruits pour en tirer avantage après la récolte. Bulliard, dans son *Aviceptologie*, conseille même d'en employer de factices lorsque l'on n'a pas eu la prévoyance d'en conserver de véritables.

La fig. 2 est celle d'un autre support que l'on nomme *volant*. On le fait avec une baguette d'un bois vert dont les deux extrémités *a*, *a* sont recourbées au moyen de

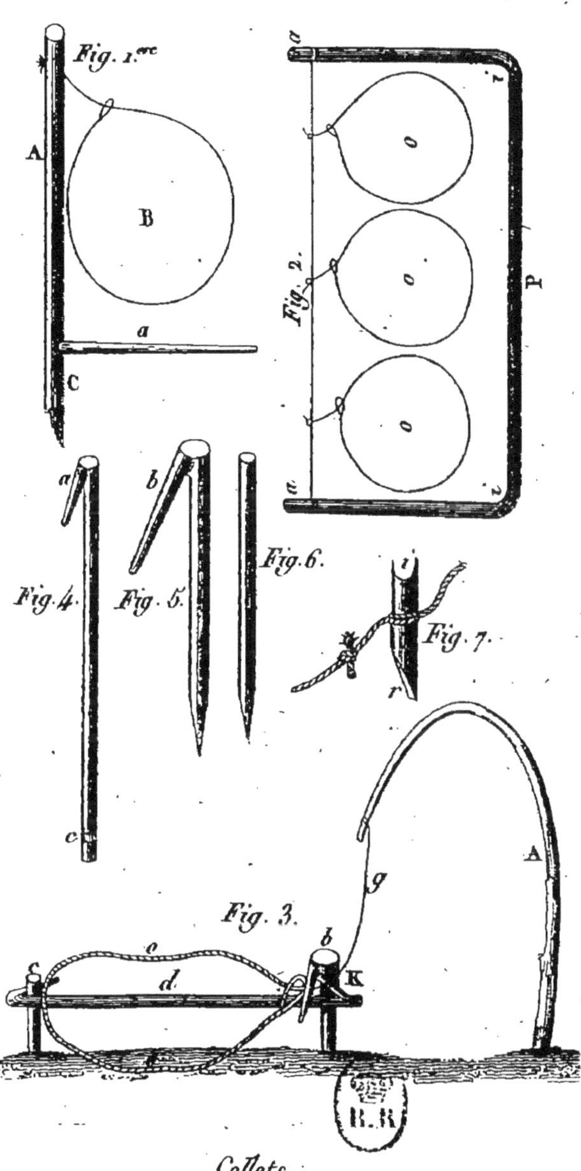

Fig. 1.ere
A
B
a
C
Fig. 2.
o
o
o
P
a
a
Fig. 4.
Fig. 5.
Fig. 6.
a
b
c
Fig. 7.
i
r
Fig. 3.
S
d
o
b
K
g
A
B.R

Collets.

deux entailles légères que l'on fait avec une serpe aux points *i*, *i*. Ces extrémités sont maintenues dans cet état par une ficelle fine et forte *r*, tendue de l'une à l'autre, et à laquelle on lie les collets *o o o*, et, entre eux, des fruits pour appât. On attache ce volant, par un des côtés *a*, à une branche d'arbre, de manière qu'il soit bien saillant. La partie P du volant sert de marchette aux oiseaux qui cherchent à manger le fruit qui pend à la ficelle *r*. On prend avec ces collets, ainsi disposés, beaucoup de grives aux époques de la maturité des mérises, prunes et groseilles, et après la vendange, en amorçant ces piéges avec les différens fruits, suivant la saison.

En général, un cerceau, une branche d'arbre courbée ou horizontale qui s'offre disposée naturellement, ou que l'on rend propre à cet usage en élaguant les petites qui se trouvent à l'entour, sont autant de places commodes pour y suspendre des collets.

SECTION II.—DES COLLETS A RESSORT.

Nous comprendrons sous cette dénomination générale tous les collets qui se serrent par un mouvement élastique produit par un mécanisme quelconque. D'après ce que nous avons dit du collet, on conçoit que, pour le faire serrer sans le secours de l'oiseau, il faut qu'il soit disposé de façon qu'aussitôt que celui-ci touchera à l'appareil, un ressort quelconque, en se détendant, tire un des bouts du collet le plus vivement possible pour arrêter l'oiseau ou par les pattes ou par le col. Mais on doit voir également qu'il faut que l'oiseau ne puisse se poser que dans le cercle que forme le collet, autrement celui-ci se fermerait inutilement, et qu'enfin il est nécessaire qu'il y ait un arrêt pour borner la détente, et sur lequel le collet vienne se fermer.

Il résulte de là que tout piége disposé sur ces données sera un collet à ressort, et que l'on peut multiplier ce piége sous une infinité de formes. Nous allons faire connaître ceux dont l'usage est le plus commun, et il deviendra facile aux personnes qui s'amusent de cette sorte de chasse d'en disposer suivant leur goût particulier, d'après les différentes idées que ces descriptions leur auront fait naître.

§. 1. *Du rejet corde-à-pied.*

Ce piége, qui est principalement employé contre les bécasses, leur est très-funeste.

La fig. 3 de la pl. XIV le représente tendu. A est la branche élastique qui fait rejet; on prend ordinairement une branche de coudrier ou autre bois flexible, longue de trois pieds, grosse d'un pouce; son gros bout est taillé en pointe pour être planté en terre, à trois pieds environ du piquet à crochet b. Celui-ci que l'on voit à part, fig. 5, a un crochet b à son extrémité supérieure, et l'autre bout taillé en pointe pour être enfoncé solidement en terre, d'où il ne doit sortir que de quatre à cinq pouces. Sa longueur totale doit être de douze à quinze pouces. A six ou huit pouces du piquet b, et sur la même ligne, on plante le piquet c qui a la même longueur et qui est uni. Ce piquet est celui que représente la fig. 6.

Sur l'intervalle qui se trouve entre les deux piquets, on couche la marchette d, représentée à part, fig. 4. Son extrémité a est à crochet, et un cran c est à l'autre bout. Le crochet a de cette marchette embrasse le piquet c, et l'extrémité c vient passer sous le crochet du piquet b. La marchette est maintenue dans cet état au moyen d'un triquet k, que l'on voit à part, fig. 7. Sa partie supérieure i est échancrée pour se placer sous le pli du crochet du piquet b. Sa partie inférieure r est taillée en coin pour mordre dans

le cran *c* de la marchette. Par le milieu, ce triquet est lié
par une ficelle, ordinairement du fouet, qui est attaché, d'un
bout *g*, à l'extrémité supérieure du pliant ou rejet A, et, de
l'autre, à un collet de crins *o o*, qui est ouvert sur la marchette et en couvre l'étendue.

Pour tendre le piége, on plante d'abord solidement le rejet
A et les piquets *b c* sur la même ligne et aux distances que
nous avons indiquées. On lie ensuite, à l'extrémité la plus
mince du rejet A, le fouet *g* qui attache le triquet *k*. La longueur de ce fouet doit être proportionnée à l'élasticité du
rejet, plus il est court, et plus le collet se serrera vivement.
Ce fouet *g*, après avoir attaché le triquet *k*, est lié au collet
de crins *o o*, que l'on passe sous le crochet du piquet *b*. On
place ensuite la marchette qui porte par son crochet contre
le piquet *c*, et est maintenue par le triquet *k* dont le coin *r*
mord dans son cran *c*; on ouvre enfin le collet. La marchette doit être soutenue alors à deux pouces de terre.
Dans cet état, une bécasse venant à passer est obligée de
toucher à la marchette, sur laquelle même elle semble
se plaire à mettre le pied ; le moindre choc la fait baisser ;
le triquet, échappé du cran, ne retient plus le rejet, qui,
se redressant vivement, entraîne le collet qui se ferme aussitôt, et serre les pattes de l'oiseau contre le piquet à crochet, que l'on nomme encore *arrêt* ou *repos*, parce qu'il
sert à borner le mouvement du rejet.

Les endroits les plus favorables pour tendre ce piége
sont les environs d'une mare ou les raies d'un champ voisin
de pièces d'eau, et où l'on a remarqué que les bécasses vont
chercher des vers et se laver ensuite les pattes et le bec. On
pratique de distance en distance des passées pour ces
oiseaux, et l'on ferme les autres issues au moyen de petites
branches que l'on plante de chaque côté de ces passées. Ce

sont toutes ces passées que l'on garnit de cordes-à-pied dont
le succès devient alors plus certain.

§. 2. *De la raquette* ou *repenelle*.

Ce piége, que l'on nomme encore *répuce*, *sauterelle*,
rejet, etc. , est le fléau des petits oiseaux ; on le tend aux
abreuvoirs, dans les chemins, les vignes, et sur les arbres,
les buissons et les haies.

Les fig. 2 et 3 de la pl. XV représentent des raquettes. La
fig. 2 en offre une tendue, et la fig. 3 une détendue. A, B,
fig. 3, est un bâton droit d'un diamètre de dix lignes environ, et long de deux pieds et demi. Son extrémité A, représentée à part, fig. 4, est taillée en pointe, et percée
d'un trou *i* que l'on fait avec une vrille. L'autre extrémité B
est également pointue pour être plus facilement enfoncée
en terre. Sur ce bâton on attache par son milieu, à environ
huit pouces de l'extrémité B, une baguette C, D d'un bois
souple et élastique de trois pieds et demi de longueur et de
sept à huit lignes de diamètre à son plus gros bout. Pour
bien fixer cette baguette, on se sert de fil de fer, et on fait
deux ou trois crans avec un couteau au bâton A, B, et à la
baguette C, D, ce qui les empêche de glisser l'un sur
l'autre. Le bout D est taillé en pointe. L'autre extrémité C
est vue à part, fig. 5.

Sa partie supérieure est pointue, on entaille sur son épaisseur pour pratiquer le rebord ou menton *y*, qui sert de point
d'appui à la marchette ; à deux lignes environ du menton y
est percé un trou *r*.

Dans cet état, on a un collet de cordonnet de soie, ou de
fil de chanvre, semblable à celui fig. 1 ; on voit que ce collet
est composé de deux bouts de cordonnet passés l'un dans
l'autre comme en *o*. On lie le bout *u* à l'extrémité D de la

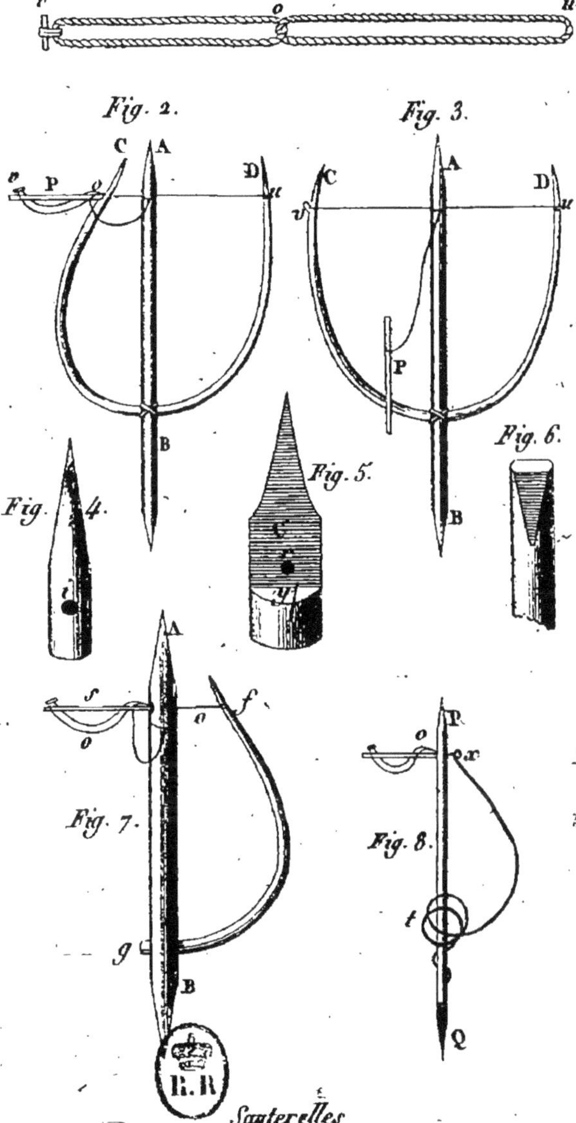

Sauterelles

baguette C, D, au moyen d'un nœud coulant. On passe ensuite
le bout *v* dans le trou *i* du bâton A, B, puis encore dans le
trou *r* de l'extrémité C de la baguette C, D, et on l'arrête
au moyen d'un petit bâton long de neuf à dix lignes et gros
comme une plume à écrire, que l'on lie au bout *v* du collet, comme on le voit fig. 1, et qui empêche le collet de
repasser par le trou *r*. La baguette, ainsi maintenue par le
collet, offre alors la figure d'un U.

Pour tendre ce piége, fig. 2, on enfonce en terre le bout B
du piquet A, B ; on tire le bout *v* du collet, en serrant, sur
le piquet A, B, l'extrémité C de la baguette, jusqu'à ce que
la jonction *o* des deux cordonnets ait dépassé le trou *r*. Pour
la maintenir dans cette position, on se sert d'une marchette P, fig. 3, qui est liée par un fil au piquet A, B. Cette
marchette, dont on voit à part, fig. 6, l'extrémité qui doit
porter sur le menton *y*, a, comme l'indique cette figure, deux
de ses côtés taillés à plat. On pose sur le mentonnet ou rebord
y du bout C de la baguette C, D le bout taillé à plat de la
marchette. Celle-ci pince le nœud *o* des deux collets et le
retient. On ouvre, sur la marchette, la partie *o*, *v* du collet, et la raquette est tendue. Tout cela est disposé de manière que l'oiseau le plus léger, en se posant sur la marchette,
la fait échapper ; et alors la branche C, tendant à s'écarter,
vient lui serrer les pattes entre elle et l'arrêt qui termine le
collet.

Nous avons dit que toutes les extrémités supérieures de
la baguette et du piquet devaient être taillées en pointe ;
c'est pour empêcher les oiseaux de s'y poser et les engager
à se placer plutôt sur la marchette qui leur offre un point
de repos commode.

La fig. 7 est celle d'une autre espèce de répuce ou rejet
tendu, qui ne diffère du précédent qu'en ce que la baguette
qui fait ressort n'a qu'une branche. On se sert, pour l'établir,

d'un bâton A, B de trois pieds à trois pieds et demi de longueur et du diamètre d'un pouce. Son bout supérieur A est
pointu ; à six pouces environ de cette extrémité, on perce
un trou rond pour le passage du collet. A deux pieds ou
deux pieds et demi de ce trou, on en perce un second d'un
diamètre plus fort et qui est destiné à recevoir le bout g
d'une baguette, grosse comme le petit doigt, d'un bois
élastique, et d'une longueur de trois pieds environ. On fait
entrer de force cette extrémité g, afin qu'elle soit solidement fixée. Au petit bout f de cette baguette on attache un
collet o, fait de soie ou de filasse fine, suffisamment fort.
On le fait passer par le trou pratiqué à l'extrémité A du
piquet, en forçant la baguette $g\,f$ à se courber, et on
attache au bout du collet un petit morceau de bois pour
servir d'arrêt.

Pour tendre ce rejet, que l'on peut employer dans les mêmes
occasions que le précédent, quoique cependant on le destine plus particulièrement à prendre des geais, on attache
le bâton A B, soit à un arbre, soit sur la cime d'un buisson, mais toujours de manière à ce qu'il soit visible, et à
ce que rien ne gêne l'effet de la baguette $g\,f$; on le plante
également en terre si l'on le juge à propos ; son bout B est,
à cet effet, taillé en pointe. Cela fait, on tire à soi le collet
pour le faire sortir du trou, en courbant davantage la baguette destinée à faire rejet ; et, au moyen d'une petite
marchette s, liée par un fil au piquet pour ne pas la perdre,
et qui entre à peine dans le trou rond par où sort le collet,
on pince ce dernier pour l'empêcher de se retirer, et on
l'ouvre sur la marchette. Un oiseau, venant à s'y poser, la
fait échapper ; la baguette, en se retirant, serre le collet
contre le piquet A B, et celui-ci retient l'oiseau par les pattes.
Comme on amorce quelquefois ce piége avec des fruits,
on perce, dans ce cas, un petit trou au bout A du piquet,

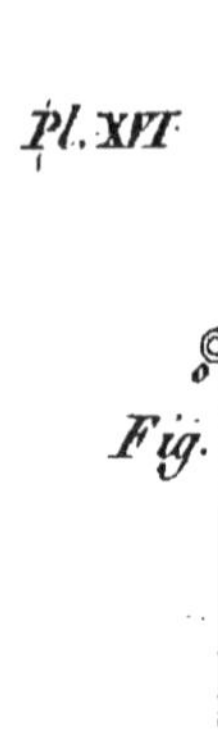
B
t
s
t
o
Fig. 1.ère
Fig. 2.
Fig. 5.
a
o
a
a
B
i
i
Fig. 3.
A
Fig. 4.
d
o
h
i
g
d B.
e
b
f
a
P U. R.
C
Rejets

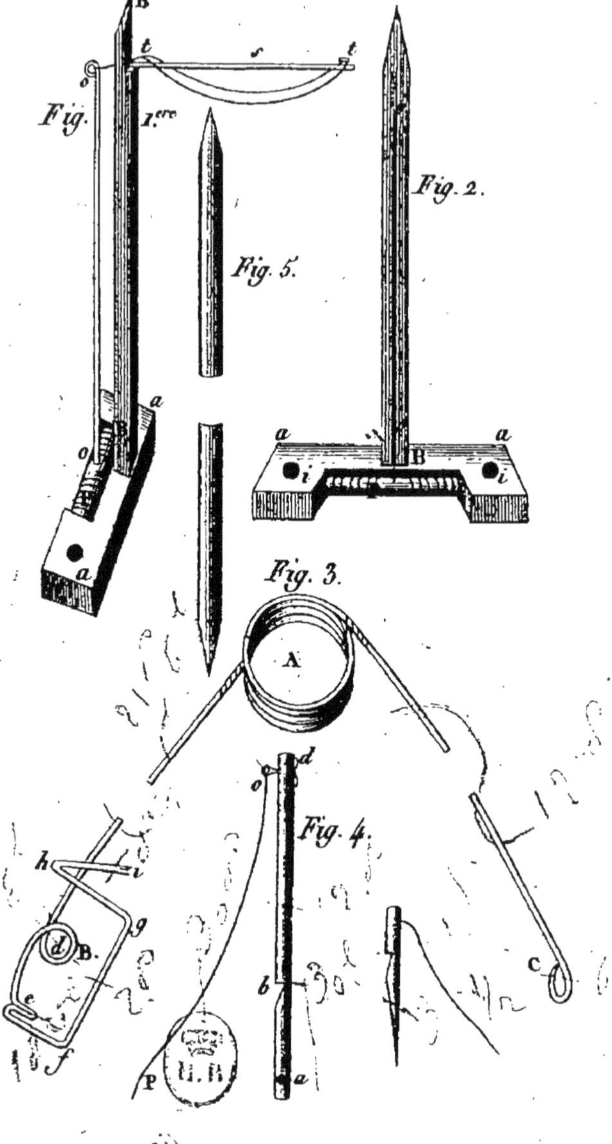

et on y passe un fil qui y suspend l'appât. Quoique la détente que nous avons indiquée pour ce rejet soit assez subtile, elle ne l'est néanmoins pas autant que celle du précédent. Il est d'ailleurs très-facile de tailler la tête A du piquet, comme l'indique la fig. 5, et l'on pourra se servir alors de la marchette disposée comme celle fig. 6.

On emploie encore un autre rejet dont le mécanisme est absolument le même, mais qui sert pour les petits oiseaux; c'est celui que représente la fig. 8. Sur un petit bâton P Q, long de vingt à vingt-quatre pouces, est fixé un fil de fer, à quatre pouces environ de sa pointe Q, armée d'une douille de fer pour être plantée en terre. Ce fil de fer est de moyenne grosseur et contourné deux fois à sa base *t*. A l'autre bout *x*, qui forme anneau, est lié un collet en soie *o*, passé dans un trou pratiqué à deux pouces et demi de l'extrémité supérieure du bâton P Q. On tend ce rejet de la même manière que le précédent; et, en lui donnant des dimensions plus grandes, et proportionnant la force du fil de fer, on pourrait l'employer à prendre de plus gros oiseaux.

§ 3. *Du rejet à ressort à boudin.*

Ce rejet, fig. 2 de la pl. XVI, se compose d'un morceau de bois *a a*, long de quatre pouces, large de deux et épais d'un. Ce morceau de bois *a a* sert de support à un autre B B, long d'environ un pied et d'un pouce d'équarrissage. Ce montant B B est fixé dans la base, par un tenon fait à son extrémité inférieure, et introduit dans une mortaise pratiquée au support *a a*. Son extrémité supérieure est pointue, et taillée de la même manière que le bout C de la raquette décrite plus haut, et représentée fig. 5, pl. XV.

La base *a a* est entaillée pour recevoir un cylindre P de bois, de six lignes de diamètre. Cette entaille est profonde d'environ neuf lignes , et longue de deux pouces. Le cylindre est fixé dans cette entaille , au moyen d'une broche en fer qui le traverse et lui sert d'axe ; et dont les deux bouts entrent dans l'épaisseur des deux extrémités de l'entaille. Autour de ce cylindre sont contournés plusieurs fois deux bouts de fil de fer dont deux extrémités sont fixées dans le cylindre, et les deux autres dans la base *a a*. Du milieu de ce cylindre , dans lequel il est solidement fiché, part un fil de fer *o o*, de moyenne grosseur, long de neuf à dix pouces , et dont le bout supérieur forme anneau. C'est à cet anneau que l'on attache un collet de cordonnet de soie, disposé comme celui de la fig. 1, pl. XV, mais terminé par un anneau qui l'empêche de sortir du trou du montant B B.

Pour tendre ce rejet , comme on le voit fig. 1 , qui le représente de profil , tandis que la fig. 2 en offre le derrière, il suffit de tirer, par l'anneau , le collet *t t* ; ce qui force le fil de fer *o o*, qui , dans le repos du piége , est écarté du montant B B, de manière à former un angle avec lui , à se rappocher du montant en opérant sur les fils de fer qui entourent le cylindre P un resserrement considérable. Pour le maintenir dans cet état, on se sert d'une petite marchette *s* qui porte sur le mentonnet de l'extrémité supérieure du montant B B, et pince le collet à l'endroit où est formé le nœud simple, et l'empêche de s'échapper. Le moindre attouchement, opéré sur la marchette, la fait tomber ; alors le fil de fer *o o*, n'étant plus retenu par aucune puissance, obéit à l'impulsion du ressort à boudin qui tend à se desserrer , et entraîne avec lui le collet *t t* qui retient par les pattes l'oisillon qui est venu se poser sur la marchette.

Ce rejet , que l'on peut faire sur de plus grandes dimensions , peut être employé avec avantage dans beaucoup de circonstances. On peut le tendre à terre en y fixant sa base, au moyen de deux piquets à crochet enfoncés dans les trous *i i*, que l'on voit à la base *a a*, fig. 2. On peut le planter sur les troncs d'arbres ou de grosses branches, en armant sa base d'une pointe de fer; enfin, au moyen de cordes, on peut l'attacher sur la cime des buissons.

§. 4. *Du rejet portatif de fil de fer.*

Ce piége nouveau, dont l'invention est due à M. Nedey, médecin à Vesoul, qui a bien voulu nous le communiquer, est très-ingénieux et d'un usage fort commode.

La fig. 3, pl. XVI, représente le ressort de fil de fer. On prend un bout de fil de fer de moyenne grosseur, et suffisamment long pour, après avoir été contourné quatre fois en spirale au point A, avoir à sa branche C un pied de longueur, y compris l'anneau qui la termine, et vingt-un pouces six lignes environ à sa branche B pour pouvoir la contourner comme nous allons le dire. Le format de la pl. XVI ne nous permettant pas de figurer les branches dans leur longueur, nous les avons interrompues.

La branche B, à un pied de la spirale A, forme un anneau *d* de six lignes au moins de diamètre, et dont l'ouverture est en-dessous et en travers du sens de la longueur. A un pouce plus loin est un autre anneau *e*, du même diamètre, dont l'ouverture est en dedans de la branche et dans le sens de sa longueur. De là, le fil de fer descend carrément de la longueur d'un pouce à quinze lignes jusqu'au point *f*, d'où il revient vers la spirale A, encore en droite ligne, de la longueur de deux pouces jusqu'au point *g*. Il se relève alors directement, passe près et en dedans de la branche B, qu'il dépasse d'environ quatre lignes, et se recourbe encore une fois vers le dedans des branches de la longueur d'un pouce, de *h* en *i*, où il est aplati. Nous verrons, en parlant de la manière de le tendre, l'usage de ces différens anneaux et crochets.

La fig. 4 est celle de la marchette destinée à ce rejet. Elle est longue d'un pied, et d'un diamètre de quatre à cinq lignes. A son bout *a* elle est percée d'un trou rond pour le passage du fil de fer qui forme la branche B. A deux pouces et demi environ de cette extrémité *a* elle a une coche *b*, qui regarde l'extrémité *d*, et qui est en-dessus, par rapport au trou *a*. A l'autre bout *d*, elle est traversée par un fil de fer qui forme anneau en-dessus du même côté que la coche. Dans cet anneau est passé un collet *o p*, en soie ou en filasse fine, long de deux pieds et demi, dont le bout *o* est garni d'un petit anneau, et l'autre bout *p* se prolonge et s'attache à l'anneau de la branche C.

La fig. 5 est celle du triquet qui sert de détente. Il est long de trois pouces et demi ; son bout inférieur est taillé en coin pour mordre dans la coche *b* de la marchette, et il est encoché lui-même à un pouce de l'extrémité supérieure, pour s'appuyer sur le fil de fer. Son extrémité supérieure est percée, et reçoit un fil avec lequel on l'attache à l'anneau de la branche C.

La fig. 6 est celle des deux bouts d'un piquet employé dans de certaines occasions pour tendre ce piége ; il est pointu à ses deux bouts ; sa grosseur doit être proportionnée à l'ouverture des anneaux *d* et *e* de la branche B, et sa longueur varie suivant les circonstances.

Pour mettre ce piége en état de servir, on passe l'extrémité *i* du fil de fer de la branche B, fig. 3, dans le trou *a* de la marchette fig. 4, qui doit pouvoir glisser de *h* en *g*, de *g* en *f*, et de *f* en *e*, pour être, suivant les occasions, placée entre *e* et *f*, et dans d'autres entre *g* et *h*. Son extrémité *d* doit être tournée en-dehors ; le collet qui est fixé à l'anneau, dont cette extrémité est garnie, repasse dans le carré long marqué B, et vient se lier par son bout *p* à l'anneau de la branche C, auquel on attache également un bout du fil qui tient le triquet ou détente, fig. 5. Dans cet état, les deux branches sont plus rapprochées pour que le collet tende, et n'offrent qu'un écartement de vingt à vingt-un pouces.

Le piége, ainsi disposé, peut être tendu, suivant les occasions, de plusieurs manières différentes.

D'abord, on se sert d'un bâton semblable à celui fig. 6, long d'au moins vingt-un pouces. Ce bâton est passé dans l'anneau *c* de la branche B, fig. 3, et est lié avec une ficelle à la branche B, près de la spirale A. On l'enfonce en terre d'environ six pouces, et de manière qu'il reste un intervalle de deux pouces entre le sol et la courbure *e f* de la branche B. On fait glisser la marchette de manière à ce qu'elle se trouve entre *c* et *f*. On ramène la branche C vers celle B, on passe le triquet, fig. 6, par-dessus le fil de fer *h g*, et on engage son extrémité taillée en coin, dans la coche *b* de la marchette, qui se trouve soutenue à deux pouces de terre. Dans cette tendue, la spirale A est en haut, et les branches B C sont près de terre. On ouvre le collet sur la marchette. Ce piége, ainsi tendu, fait le même effet que le rejet corde-à-pied, et peut être employé dans les mêmes occasions.

On peut le tendre encore en retournant le ressort de fil de fer, c'est-à-dire, en mettant en bas la spirale A, et en haut les branches B C; alors le bâton fig. 6 est passé dans le même anneau *c*, mais dans un sens opposé. Sa longueur dépend, dans ce cas, de la hauteur que l'on veut donner à la marchette. Celle-ci est placée entre *g* et *h*, et le triquet est pris dans sa coche en passant par dessus *c f*. Le piége, ainsi tendu, peut être employé dans les mêmes occasions que les raquettes et rejets, dont nous avons précédemment parlé.

En laissant toujours la spirale en bas, et la marchette entre g et h, on peut accrocher ce piége à une branche d'arbre disposée favorablement, que l'on passe dans l'anneau d, ou à un clou que l'on peut ficher dans un tronc d'arbre ou même contre un mur; et enfin on peut, en passant le bout i de la branche B dans une fente faite à une branche d'arbre, donner au piége un point d'appui suffisant. Dans toutes ces tendues il faut observer de ne jamais gêner le mouvement de la branche C qui fait rejet; de placer toujours la marchette entre g et h quand la spirale se trouve en bas, et entre e et f quand elle se trouve en haut, et de passer le triquet par-dessus e f quand la marchette est entre g et h, et réciproquement.

Ce piége, auquel on peut donner les dimensions que l'on désire, est d'un mécanisme fort simple, et peut à lui seul remplacer tous les autres.

Quand un oiseau se place sur la marchette, son poids fait échapper le triquet; et la branche C, en se retirant vivement, serre le collet qui arrête les pattes de l'oiseau contre le petit anneau de fil de fer qui se trouve à l'extrémité d de la marchette.

§. 5. *Du collet à ressort, proprement dit.*

Ce piége, que la fig. 1re, pl. XVII, représente tendu, se compose d'un ressort de fil de fer et d'une base en bois sur laquelle il est assujetti.

Le ressort est fait avec un bout d'un fort fil de fer contourné trois fois dans son milieu, comme le rejet portatif dont nous venons de parler. La longueur des branches est de douze à quatorze pouces; elles sont toutes deux terminées

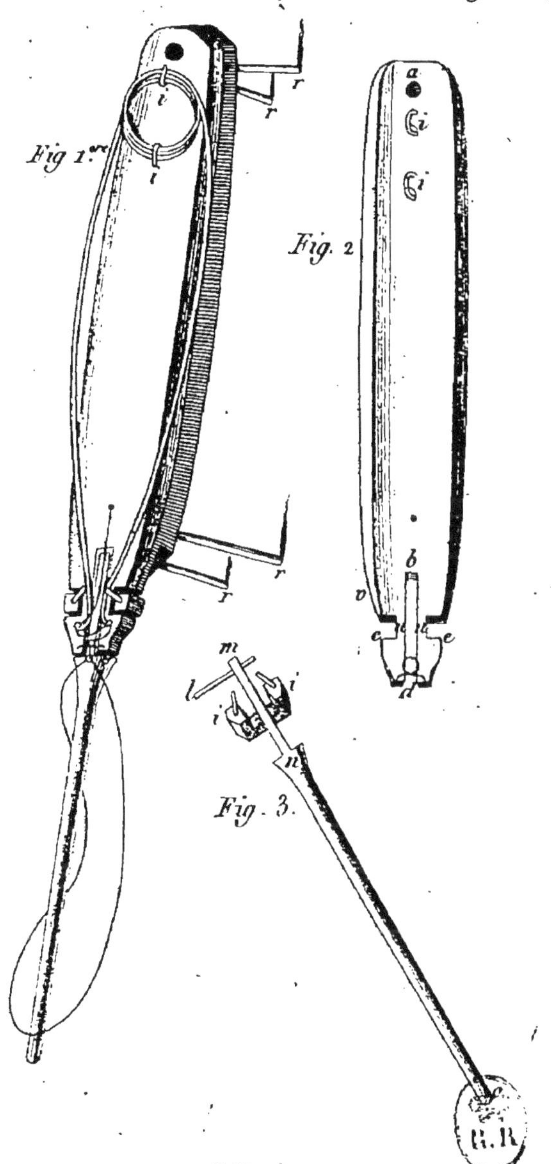

Collet à ressort.

par un œillet que l'on fait former par chaque bout du fil de
fer. Le piége détendu, ce ressort représente assez exactement un arc.

La base se compose de deux pièces : la base proprement
dite, et la marchette.

La base, fig. 2, est un morceau de bois long de treize
pouces de *a* en *b*, large de trois pouces, et épais de dix-
huit lignes. De *b* en *d* sa longueur est de trois pouces, son
épaisseur de six lignes, et sa largeur va en diminuant jusqu'en *d*, où elle n'a plus que quinze lignes. Cette espèce de
bec est entaillé de *b* en *d* dans son milieu, et cette entaille
a environ quatre à cinq lignes de largeur. De chaque côté
sont deux autres entailles *ee*, profondes de six lignes et
longues de huit. On voit auprès de *d* un petit anneau
formé d'un fil de fer, dont chaque bout est implanté dans
un des côtés de l'entaille *b d*. A l'autre extrémité *a* on voit
un trou rond, du diamètre de dix lignes, pratiqué pour le
passage d'un piquet destiné à être enfoncé en terre pour
assujettir le piége. Auprès de ce trou sont deux attaches *i i*
en fil de fer, implantées dans la base pour fixer dessus elle
la spirale du ressort, comme l'indique la fig. 1re. Dans le
dessous de cette base sont fichés quatre bouts d'un fil de fer
fort *r r r r*; les deux antérieurs sont longs de trois pouces
et demi, et les deux postérieurs de deux pouces. Ces espèces
de pieds sont également destinées à fixer la base, et à la
soutenir à une élévation nécessaire au jeu de la marchette.

La marchette fig. 3 est longue en tout de quinze pouces;
son diamètre est d'environ quatre lignes à son extrémité *o*.
De *m* en *n* elle est plate, et large de quatre lignes, pour
entrer dans l'entaille *b d* de la marchette. Sur cette espèce
de languette est cloué un morceau de bois qui est entaillé
dans son milieu à la profondeur de six lignes, et de la largeur de onze lignes pour recevoir la languette *m n* de la

marchette, et de chaque côté de cette languette les points u, u de la base, sur lesquels sont prises les entailles cc.

Les points i i de ce morceau de bois ont six lignes d'épaisseur et six environ en largeur et longueur; ils sont tous deux garnis d'une pointe de fer implantée dans la face supérieure de ces points i i, et qui s'élève verticalement d'environ trois lignes. A l'extrémité m de la marchette est une broche de fer l, qui la traverse et la dépasse d'un côté de trois lignes, et de l'autre d'un pouce et demi. Cette broche joue dans le trou de la languette m, et sert à fixer la marchette dans la base en la faisant entrer dans un trou fait à cette base au point v, et qui pénètre jusqu'à trois lignes de l'autre côté de l'échancrure b d.

Maintenant, pour monter ce piége, on fait entrer dans l'échancrure b d de la base fig. 2 la languette m n de la marchette fig. 3; on l'y fixe au moyen de la broche de fer l, que l'on fait entrer par le trou v de la base qui traverse ce côté de l'échancrure, la languette de la marchette, et pénètre jusqu'à trois lignes de l'autre côté. Dans cet état, la marchette peut se lever et se baisser en jouant sur la broche l qui lui sert de pivot. On attache ensuite sur la base le ressort de fil de fer au moyen des attaches i i. On passe dans un trou fait à la base près de b un collet de soie ou de filasse fine; ce collet vient passer dans l'œillet qui termine une des branches du ressort, ensuite dans l'œillet de l'autre branche, et puis dans l'anneau que l'on voit en d à la base, lequel anneau sert d'arrêt. On attache un petit anneau de cuivre à ce bout du collet pour l'empêcher de repasser dans l'anneau de fil de fer d, et pouvoir faire le nœud coulant. Dans cet état, la longueur du collet ne permet pas aux branches du ressort de s'étendre out-à-fait, et lui-même est tendu sur l'anneau d de la base.

Lorsque l'on veut tendre ce piége, comme l'indique la

fig. 1ʳᵉ, on rapproche les deux branches du ressort ; on relève la marchette, et les deux branches se trouvent maintenues par les deux pointes de fer $i\,i$, contré lesquelles elles
appuient assez pour soutenir la marchette en l'air. On
ouvre ensuite le collet sur la marchette.

On place plusieurs de ces piéges sur les bords des eaux
fréquentées par les canards ; on cache la base autant que
possible avec de la mousse ou des roseaux, mais sans gêner
le mouvement du ressort, et on fixe solidement le piége
au moyen d'un piquet enfoncé en terre par le trou *o* de la
base. Dans le placement de ce collet, il faut avoir soin
qu'il reste toujours assez d'espace entre la terre et la marchette pour le jeu de celle-ci. On amorce aux environs de
la marchette avec du blé cuit ou des féves ; et, lorsqu'un
canard, venant à chercher à manger l'appât, pose le pied
sur la marchette, celle-ci, en se baissant, laisse échapper
les branches du ressort que ne retiennent plus les pointes
de fer, et qui, en s'écartant, serrent contre l'anneau la
patte du canard que retient le collet. C'est pour que l'oiseau ainsi pris n'entraîne pas le piége, qu'il est prudent de
le fixer solidement avec un piquet.

SECTION III.—DES LACETS.

Les lacets se distinguent des collets, parce que le nœud
n'est pas le même, et que la présence de l'oiseleur est nécessaire pour les faire agir ; ce qui n'a pas lieu pour les
piéges dont nous venons de parler.

Le lacet proprement dit se compose pour tous les petits
oiseaux de deux crins tordus, et de quatre crins également
tordus pour les oiseaux plus forts ; on en fait aussi en fil de
chanvre.

On le tend particulièrement sur les nids au moyen d'un nœud simple dont les deux chefs sont diamétralement opposés ; l'un des deux est attaché à une branche voisine du nid, l'autre est lié à une lignette qui se prolonge jusqu'auprès du chasseur, et que celui-ci tire pour fermer le lacet lorsqu'il voit l'instant favorable. Le cercle que forme le lacet, quand le nœud simple est formé, est arrangé sur les bords du nid de manière que l'oiseau, en s'y plaçant pour pondre ou pour couver, se trouve au milieu de ce cercle.

Lorsque l'animal, cédant à l'inquiétude vague qui l'agite sans cesse, alonge son col au-dessus des bords du nid pour éviter d'être surpris, c'est le moment que l'oiseleur aux aguets saisit pour serrer le lacet et s'emparer de l'oiseau qui se trouve pris par le col. Comme ce piége ne s'emploie que sur les nids, il est très-meurtrier ; il n'atteint guère que les femelles, et nuit beaucoup à la reproduction de l'espèce, en privant presque toujours les œufs de leur couveuse ou les petits de leur mère. Aussi n'en avons-nous parlé que pour engager à faire peu d'usage de ce piége, d'ailleurs peu productif, ou au moins à ne s'en servir que contre les espèces nuisibles et qu'il importe de détruire.

CHAPITRE III.

DES TRÉBUCHETS.

Nous comprendrons sous ce nom les différens piéges qui, soutenus en l'air par un moyen quelconque qui fait ressort, enferment ou tuent le gibier qui les fait abattre en cherchant à s'emparer de l'appât que l'on y place de manière à ce qu'en y touchant la détente puisse jouer.

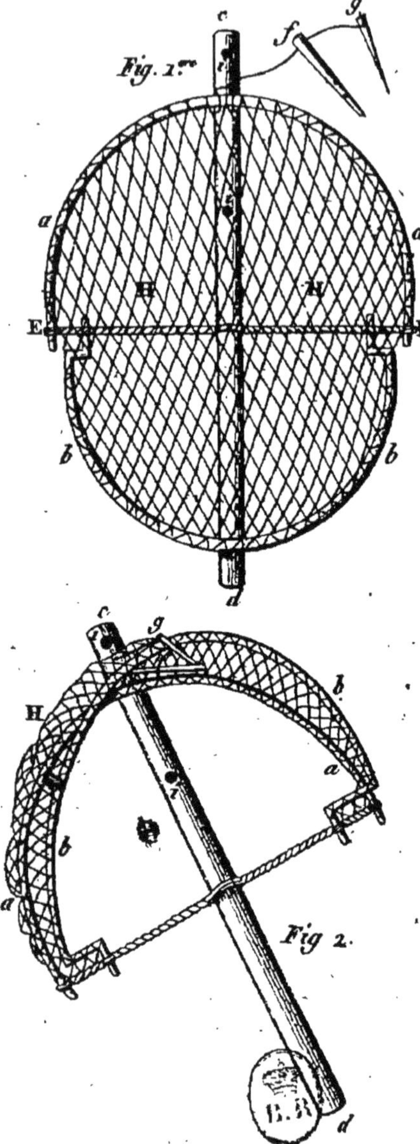

Fig 2.

§. 1. *Du trébuchet à filet et à ressort de corde.*

La fig. 1ʳᵉ de la pl. XVIII représente un trébuchet à filet détendu, dont le ressort est formé d'une corde tournée dans le genre de celle qui sert à bander une scie. Ce trébuchet, dont le mécanisme est extrêmement simple et d'un succès certain, nous paraît d'autant plus commode qu'il peut être fait sur les dimensions que l'on juge le plus convenables à l'espèce d'oiseaux contre laquelle on a dessein de l'employer; ainsi, non seulement il peut servir à prendre des rossignols, des moineaux, mésanges, chardonnerets, verdiers, pinsons, linottes, etc., mais encore des grives, merles, geais, pies, corbeaux, corneilles, etc., en ayant seulement l'attention de proportionner la force et l'étendue du piége à la grosseur des oiseaux, et de le garnir de l'appât qui leur convient le mieux.

Ce piége se compose de deux demi-cercles en fil de fer; le 1ᵉʳ *a a* fait ressort et est fixé sur une petite planche *c d*; le second, *b b*, sert de battant; sa grosseur est de moitié moindre que celle du premie; les extrémités du demi-cercle *b b* sont contournées en angles, dont une branche est prise dans la corde. Cette forme angulaire offre l'avantage de laisser moins d'intervalle entre les deux demi-cercles, et donne la facilité d'y lier le filet sans laisser de vide.

Le demi-cerle *a a* est fixé sur la planchette au moyen de deux attaches en fil de fer. Cette planchette *c d* a une longueur proportionnée à la grandeur du filet; il faut observer néanmoins qu'elle doit, le piége étant détendu, surpasser le demi-cercle *a a* de deux pouces, et le demi-cercle *b b* de trois quarts de pouce environ; sa largeur est à peu près de 15 lignes, et son épaisseur dépend de la force du fil de fer que l'on emploie, attendu qu'elle doit être assez solide pour pouvoir tourner la corde. Cette planchette est percée de deux trous aux points *i i*, pour pouvoir assujettir le piége contre terre, au moyen de deux capucines longues de 4 à 5 pouces, et que l'on enfonce dans ces trous et dans la terre; cette précaution est surtout essentielle pour des oiseaux un peu gros.

Le ressort de ficelle E E, qui traverse le piége et embrasse les quatre extrémités des demi-cercles, se compose d'une ficelle fine et forte, mise en plusieurs doubles. Pour la tordre, on passe, dans les boucles que forme cette ficelle à ses extrémités, les bouts du demi-cercle *a a*, ainsi que ceux du demi-cercle *b b*, et avec ces derniers on tord la corde dans les intervalles qui se trouvent entre les quatre bouts des demi-cercles, en passant le demi-cercle *b b*, dans l'autre *a a*, un nombre de fois suffisant, et de manière que les révolutions que l'on lui fait faire aient lieu en-dessus de la ficelle de *d* en *c*. Cela fait, on passe la planchette *c d* dans le milieu des doubles de la ficelle, et on la tord en sens inverse à celui où on a tourné la première fois, c'est-à-dire de *c* en *d*; lorsqu'elle est suffisamment tordue, le demi-cercle *b b* qui fait battant doit être fortement attiré vers *d*. On ajuste alors la planchette dans la position qu'elle doit occuper, et on y fixe le demi-cercle *a a* au moyen de deux attaches de fil de fer, disposées de manière à pouvoir démonter le piége quand on le désire; car on conçoit que le plus ou moins d'humidité de l'atmosphère influant sur la tension de la ficelle, il faut être à même de serrer ou desserrer la corde, quand cela est nécessaire.

On attache ensuite sur les demi-cercles un filet H H en soie fait en mailles à losange du diamètre de six lignes pour les petits oiseaux, et pour les corbeaux on emploie un filet fait en fort fil de Flandre, également à mailles en losange, mais d'un diamètre de 15 à 18 lignes. Il faut que la dimension du filet soit telle, qu'il puisse faire poche.

La détente est attachée à la planchette, à son extrémité *c*, au point *i*, au moyen d'une ficelle fine et forte. Elle se compose de deux petits morceaux de bois *f*, *g*. Celui *f* est percé de trois trous ; le 1er à son extrémité supérieure dans lequel passe la ficelle qui le fixe au support du piége, et sur laquelle il peut monter et descendre ; un autre trou au milieu, et le troisième à son extrémité infé-rieure. Le second morceau de bois *g* est percé d'un seul trou par lequel passe la même ficelle qui y est terminée par un nœud solide. Dans tous ces trébuchets, la longueur de la ficelle qui tient la détente doit être telle, qu'elle aille jusqu'au second trou *i*.

La fig. 2 représente le même piége tendu. Pour y par-venir, il suffit de relever le battant *b b*, en le rapprochant du demi-cercle *a a* ; on range tout autour le filet H, de manière à ce que rien ne l'accroche et l'empêche de se développer quand le battant s'abat ; et, pour maintenir ce dernier dans cette position, on passe dans les mailles du filet le morceau de bois *f* de la détente, et, par dessus le battant, l'autre morceau *g*, dont l'extrémité taillée en pointe aiguë s'engage pour les petits oiseaux dans le trou placé à l'extrémité inférieure du morceau de bois *f*, et pour les oiseaux plus forts dans celui qui se trouve au milieu, parce qu'alors la détente est plus dure ; dans cet état, le piége est tendu. Pour attirer les oiseaux, on place, à l'ex-trémité du morceau de bois *f*, l'appât qui leur plait le plus et que l'on assujettit plus ou moins selon que l'on aura dis-posé la détente ; l'oiseau venant à toucher à l'appât, fait échapper le morceau de bois *g* du trou dans lequel il est engagé ; et la corde, faisant effort pour ramener le battant, l'entraîne si vivement que l'oiseau est aussitôt enveloppé sous le filet.

Ce piége, comme on le voit, est extrêmement simple, et peut, nous le répétons, s'employer dans beaucoup de circonstances, avec quelques modifications, contre tous les oiseaux qui se posent à terre.

Il est inutile de dire sans doute que, lorsqu'on le tend, il faut unir la terre sur laquelle on le pose, afin qu'il n'existe entre les demi-cercles et le sol, lorsque le piége est détendu, aucun vide qui puisse favoriser la fuite du prisonnier.

Ce trébuchet est, à plusieurs changemens près que l'expérience a rendu nécessaires et qui l'ont perfectionné, le même que Bulliard, dans son *Aviceptologie*, nomme *trébuchet œdonologique*, dont il attribue l'invention à Arnault de Nobleville qui, dans tous les cas, n'y a fait aussi que quelques changemens, car l'auteur des *Ruses Innocentes* a parlé d'un trébuchet semblable, et l'édition où nous l'avons trouvé est de 1695.

§. 2. *Du trébuchet à rossignol.*

Les fig. 1 et 2 de la pl. XIX représentent chacune un trébuchet spécialement destiné à prendre des rossignols. Ils ne diffèrent que par la forme et par le ressort.

Dans la fig. 1re le trébuchet se compose d'un cadre en bois *a a* de onze pouces de long sur sept et demi de large, formé de deux montans et de deux traverses en bois de six lignes de largeur sur quatre d'épaisseur. Dessous ce cadre est cloué un morceau de serge verte B qui en forme le fond. Au milieu d'un des montáns de ce cadre est ajusté un autre morceau de bois *c* de la même largeur et épaisseur, et long de trois pouces ; cette espèce de poignée sert de point d'appui à la détente. Ce cadre, ainsi disposé, forme le support,

Fig. 1.ʳᵉ

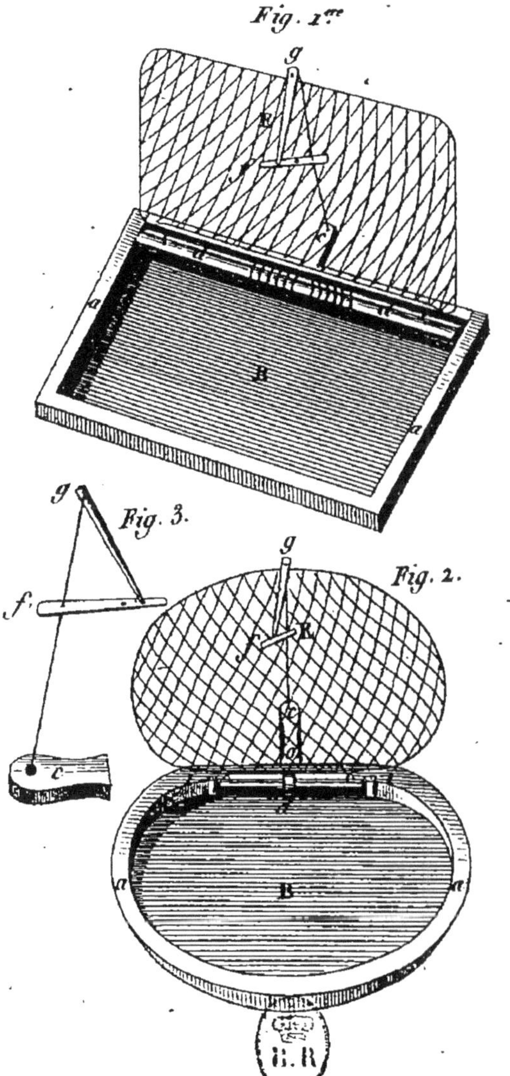

Fig. 3.

Fig. 2.

Trebuchets.

du piége. Le battant du trébuchet est fixé sur un petit cylindre de bois *d d*, d'un diamètre de quatre lignes et d'une longueur égale à celle de l'intérieur du cadre. Ce cylindre est traversé aux points *d d* par les deux extrémités du battant formé d'un fil de fer gros comme une petite plume de corbeau, et tourné en carré un peu moins grand que le cadre en bois, mais assez cependant pour battre sur le bois. Un autre fil de fer plus fin est attaché de *d* en *d* aux extrémités du fil de fer qui forme le cadre pour fermer le carré et donner la facilité de fixer le petit filet de soie à mailles en losange de six lignes en diamètre, que l'on coud sur ce carré de fil de fer pour couvrir le piége. Le cylindre qui porte le battant est assujetti, dans les traverses du cadre, par deux broches en fer qui lui servent d'axe, et sur lesquelles il tourne facilement.

Le ressort qui fait mouvoir le battant consiste en un bout de fil de fer fixé sur le cylindre par un œillet formé au centre de sa longueur, et assujetti par un clou à tête implanté dans l'épaisseur du cylindre. Ses extrémités, après avoir fait chacune plusieurs révolutions dans le même sens autour du cylindre, sont tournées également en œillets et fixées par un clou à tête dessous le montant supérieur du cadre. Pour tendre le piége comme la fig. 1re le représente, il faut relever le battant que le ressort tend à faire serrer sur le cadre, et le maintenir dans cette position au moyen de la détente fig. 3, qui est absolument la même que celle décrite plus haut pour le rejet à corde; seulement la ficelle, qui tient les deux morceaux de bois *f g*, est plus longue que dans l'autre, le battant de ce trébuchet se tendant presque droit, à moins qu'on ne donne plus de longueur à la poignée, ce qui alors permettrait de le tendre plus couché, et offrirait l'avantage de rendre le piége moins visible.

Dans la fig. 3, la ficelle doit avoir la même hauteur que

le battant de fil de fer; le morceau de bois *f* a quatre pouces de longueur, et le morceau de bois *g* en a trois et demi.

Le trébuchet que représente la fig. 2, ne diffère du précédent que par sa forme, qui est demi-circulaire. Du reste, le cadre *a a* est en bois, et le fond B également en serge verte. La poignée *c* a le même emploi. Le battant a ses deux extrémités implantées dans le cylindre de la même manière que dans le précédent trébuchet. Le cylindre est en fer d'un diamètre de deux à trois lignes, et ses extrémités sont terminées par deux petites broches qui tournent chacune dans une petite plaque de fer percée d'un trou rond. Ces plaques *i i* sont assujetties avec deux vis sur le cadre en bois. Le ressort *d* est différent du précédent. Sur le cylindre est fixée, par une de ses extrémités, une bande d'acier mince et large de cinq lignes. Sa longueur est assez grande pour faire trois ou quatre révolutions sur elle-même, et l'autre extrémité est recourbée sur une petite plaque de fer, percée carrément et fixée sur le dessus du cadre de bois au point *o*. Quand on veut tendre ce piége, la courbure de la petite bande d'acier qui fait ressort, empêchant celle-ci de suivre le mouvement du cylindre, appuie fortement sur la petite plaque de fer percée, ce qui fait serrer les révolutions qu'elle a formées sur le cylindre, et tend à ramener le battant contre le cadre. La petite plaque qui retient la courbure du ressort est percée d'un trou carré, pour recevoir l'extrémité de la petite plaque d'acier, lorsque le battant B est levé. La détente de ce piége et la manière de le tendre sont les mêmes que pour le précédent. Les appâts qui conviennent le mieux sont des teignes ou vers de farine, que l'on attache, ou avec une épingle ou avec un fil, à l'extrémité de la pièce *f* de la détente.

§. 3. *Des trébuchets en forme de cage.*

Ces piéges sont destinés à enfermer le gibier. Il y en a

Pl. XX.
T. 1.
Page 79
Fig. 3.
d
o
K
Fig. 1.re
g
E
F
f
K
C
D
H
A
B
a
Fig. 2.
b
L
B
B
Fig. 4.
D
A
D
L
Trébuchets.

de trois sortes : le trébuchet à battant simple, le trébuchet à battans doubles, et le trébuchet sans fin.

1. *Du trébuchet à battant simple.* — Le trébuchet à battant simple est aussi de deux sortes. Dans l'une, il se compose seulement de la cage qui porte le trébuchet; dans l'autre, au-dessous de cette cage, en est une autre pour loger un appelant, ce qui contribue beaucoup au succès de ce piége.

La fig. 1 de la pl. XX représente un trébuchet à battant simple avec une cage d'appelant au-dessous. Les dimensions de ce piége sont indéterminées; cependant celui qui a servi de modèle à la fig. 1 avait, à la partie inférieure A B, qui forme la cage d'appelant, six pouces de longueur et de largeur sur cinq de hauteur. La partie supérieure qui soutient le battant, a huit pouces et demi de C en D sur six de largeur et trois de hauteur. Cette cage se compose de fils de fer, passés à distances égales dans les montans et traverses en bois qui forment la charpente de la cage. La partie saillante C a son fond composé d'une petite planche, formant auge pour recevoir l'appât avec lequel on veut attirer l'oiseau. Le reste du fond qui sépare les deux cages est en fil de fer et à claire-voie.

Le dessus de la partie C D est à jour, et doit être couvert par le battant E, composé de trois petits montans en bois traversés par des fils de fer, et qui, en tombant, vient battre à l'extrémité C du trébuchet. Ce battant est assujetti, aux deux côtés du trébuchet, par deux petites broches de fer sur lesquelles il se lève et se baisse, et qui sont placées à deux pouces environ du point D. La partie F est une petite planche, large de dix-huit lignes, et mince, qui, clouée sur les deux traverses qui forment la face D du trébuchet, descend jusqu'à la cage d'appelant. Elle a deux usages différens : le premier est de servir à accrocher le

trébuchet à un clou ou à une branche d'arbre, au moyen
du trou *i*, placé à son extrémité supérieure, et qui est assez
grand pour y passer un doigt; le second est de faire le
point d'appui contre lequel porte la marchette H, à l'endroit
marqué D, ce qui est nécessaire pour tendre le piége.

Cette marchette H, dont la forme est plus aisée à distinguer dans la fig, 2, a pour ce piége huit pouces de longueur, c'est-à-dire un demi-pouce de moins que la partie
C D dans laquelle elle doit entrer. Sa partie supérieure *a*,
fig. 2, est garnie de trois ou quatre fils de fer qui la traversent, et qui sont destinés à couvrir l'auge qui se trouve
à l'extrémité C du trébuchet, afin d'empêcher les oiseaux
d'atteindre à la graine sans toucher à l'un d'eux, ce qui
fait tomber le battant. A l'autre extrémité, elle est entaillée
au point *b* pour recevoir la gachette du battant, c'est-à-dire
le montant *g* qui est au milieu de ce battant et dont l'extrémité inférieure est taillée en coin pour tenir dans l'entaille de la marchette H.

Le ressort K de ce piége, que l'on voit mieux fig. 3,
est un boudin de fil de fer, qui, fixé par le bout *d* à la traverse C D du trébuchet, est accroché par l'autre bout *o* à
un des fils de fer du battant E, mais de manière que, pour
lever ce battant, comme l'indique la fig. 1, il faille que les
révolutions du fil de fer qui forme le boudin, s'écartent
suffisamment. Comme elles tendent à se rapprocher aussitôt
que la puissance qui les maintient a cessé, elles font abattre
vivement le battant et le tiennent assez serré contre les traverses du trébuchet pour que l'oiseau qui s'y trouve pris
ne puisse le soulever.

Pour tendre le piége, il faut donc lever ce battant E dans
une position verticale, ce qui fait desserrer les révolutions du
ressort K, passer dessous la marchette H, dont l'extrémité L vient se poser contre la planchette F qui se prolonge
jusqu'à la cage d'appelant, et sert de point d'appui à la

marchette, et engager, dans la coche *b*, l'extrémité taillée
en coin du montant *g* qui occupe le milieu du battant. Dans
cet état, le battant reste droit, et la marchette, soutenue
en équilibre, couvre, au moyen des fils de fer qui garnissent son bout *a*, l'auge placée à l'extrémité C du trébuchet. Plaçant alors le trébuchet dans l'endroit que l'on
juge convenable, après avoir enfermé dans la cage un appelant auquel on a mis à manger dans l'auget, vu auprès
de B, et de l'eau dans une coquille de colimaçon, on conçoit que l'oiseau, qui, attiré par l'appelant, viendra pour
manger la graine qui lui est offerte, ne pourra y atteindre
qu'en touchant à la marchette. Celle-ci, au moindre mouvement, dégage la gachette du battant, qui, obéissant au
boudin de fil de fer qui tend à se resserrer sur lui-même,
s'abat vivement et enferme l'imprudent oisillon.

Si l'on veut un trébuchet sans cage d'appelant (piége
qui alors ne peut pas être employé contre tous les petits
oiseaux), il suffit de le faire semblable à la partie C D.

On fait encore de ces trébuchets tout en bois; et quelques personnes, avec la même marchette, emploient, pour
faire abattre le battant, une corde tordue comme celle
avec laquelle on bande une scie, et, dans son milieu, elles
engagent la gachette du battant. L'un et l'autre de ces
moyens sont bons : c'est au goût de la personne qui emploie le piége, à décider auquel des deux elle donnera la
préférence.

2. *Du trébuchet à battans doubles.* — La fig. 4 de la
même pl. XX représente un trébuchet à battans doubles,
ayant une cage d'appelant A au milieu. Les battans B B
peuvent agir par le moyen du boudin de fil de fer ou d'une
corde tordue, et les marchettes sont les mêmes, et ont
pour point d'appui chacune une petite planchette, placée à

l'un des côtés de la cage d'appelant. Les parties de ce trébuchet D D sont celles que doivent couvrir les battans, et au fond desquelles on place l'appât qui doit attirer les oiseaux. Dans cette fig. 4, les battans sont supposés tendus au moyen d'une corde tordue.

Du trébuchet sans fin. — Les trébuchets à battant dont nous venons de parler ont l'inconvénient qu'il faut les retendre à chaque oiseau qui s'y est pris; ce qui oblige à ne pas s'en éloigner, afin de voir ce qui s'y passe, et de remettre le piége en état de faire de nouvelles captures. La machine dont nous allons parler offre cet avantage, qu'elle se retend d'elle-même, et que ce n'est qu'après un grand nombre de captures qu'il faut y toucher.

La fig. 1 de la pl. XXI représente ce trébuchet sans fin. C'est une cage divisée en quatre compartimens A, B, C, D; elle se fait ordinairement en fils de fer, soutenus par une carcasse en bois; nous ne déterminons pas les proportions, parce qu'elles peuvent varier à volonté.

Le compartiment D sert de cage d'appelant : il a une porte, et ses quatre côtés sont à claire voie; il est garni d'un auget pour le manger de l'appelant, et d'une coquille de colimaçon pour l'eau.

La partie B a trois côtés et son fond à claire voie, excepté depuis B jusqu'au battant; là, est une petite planche à rebord destinée à recevoir la graine qui doit servir d'appât. Son côté vers A est fermé par le battant. Sa partie supérieure est ouverte, et offre un passage à l'oiseau. Près du fond qui sépare le compartiment B de celui D est une bascule E, représentée à part, fig. 2.; elle est soutenue par deux petites broches en fer *t t*, qui sont passées dans des œillets qu'on fait former à cet effet par deux fils de fer. Elle peut facilement tourner dans ces œillets, au moyen de ces

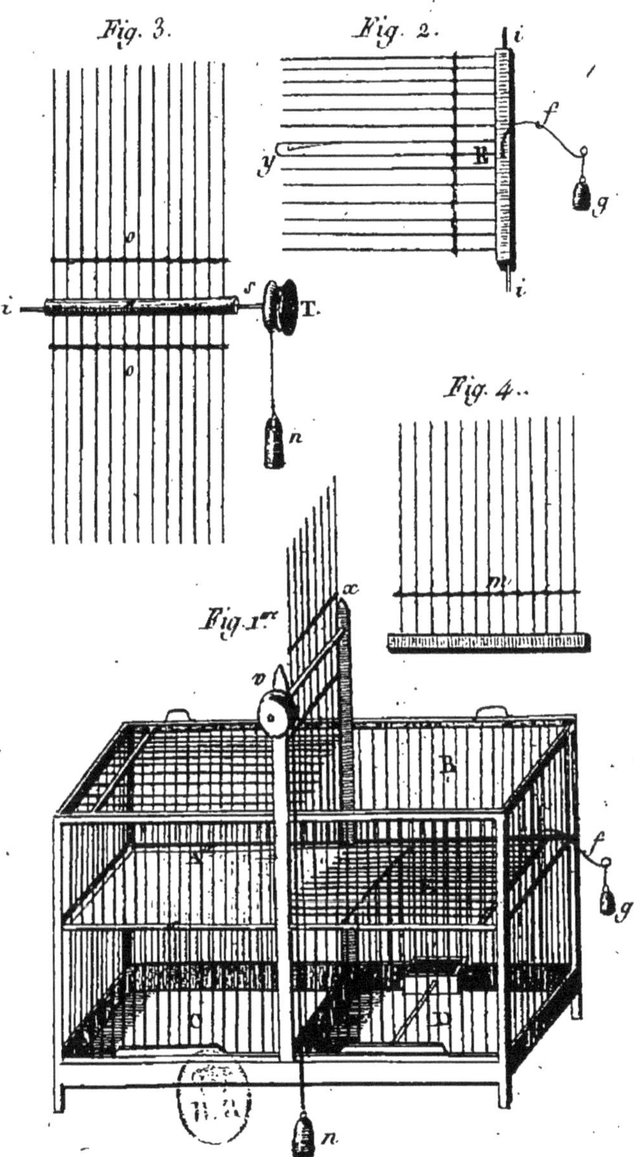

Trebuchet sans fin.

deux petites broches ; du milieu de cette bascule E part un fil de fer *f* qui soutient un poids *g*, dont la pesanteur est combinée de manière que l'extrémité des branches en fil de fer de cette bascule n'engagent qu'à deux lignes environ les extrémités des fils de fer du battant, afin que la détente soit plus prompte. Ordinairement un fil de fer recourbé, placé au bord de l'auget, empêche cette bascule de se relever plus qu'à la hauteur que nous venons d'indiquer, mais il ne doit nullement la gêner pour se baisser. C'est sur cette bascule que l'oiseau est obligé de se poser, quand il entre par l'ouverture B. Au milieu de cette bascule est un arrêt *y* qui retient le fil de fer du milieu du battant. Un autre fil de fer, lié à l'une des branches de l'arrêt, forme un point de résistance à ce fil de fer qui y est engagé pour empêcher le battant de revenir sur lui-même.

Entre A et B sont deux montans en bois *v*, *x*, destinés à soutenir le battant. Ces montans partent de la traverse du milieu de la cage et s'élèvent assez au-dessus de la traverse supérieure pour que l'extrémité inférieure des fils de fer d'un des côtés du battant viennent tomber à deux lignes de la cloison qui sépare les compartimens B , D. Le montant *x* est percé d'un trou à sa partie supérieure pour recevoir la broche *i* de l'axe du battant fig. 3. Le montant *v* est encoché également à sa partie supérieure pour recevoir la broche *s* qui sépare l'axe du battant de la poulie T, fig. 3.

Ce battant, fig. 3, se compose d'un axe en bois *u*, traversé d'outre en outre par plusieurs fils de fer qui sont assujettis les uns aux autres à un pouce de l'axe par un fil de fer plus fin qui y est entrelacé en travers aux points *o*. Cet axe tourne dans le trou et la coche des montans *x*, *v*, de la fig. 1.re, par le moyen des deux broches *i*, *s*, qui se trouvent à chaque extrémité. A la broche *s* est fixée la poulie T qui tourne en dehors du montant v ; elle est garnie d'une ficelle d'une longueur indéterminée qui porte un poids n, mobile de tout le piége.

La fig. 4 représente la cloison à claire voie qui recouvre le compartiment A. Les fils de fer qui la composent ont tout juste de longueur ce qu'il faut pour arriver dans les intervalles des fils de fer du battant, afin qu'il n'y ait point de vide. Ils sont également assujettis par l'entrelacement d'un fil de fer plus fin au point m, fig. 4.

La cloison qui sépare les compartimens A, C, est une petite planche, fixée dans les traverses du milieu de la cage au moyen de deux petites broches en fer a a qui lui servent d'axe et sur lesquelles elle fait bascule ; mais la partie de cette planche du côté du battant est un peu plus lourde pour qu'elle puisse reprendre sa position horizontale après que la cause qui lui fait faire bascule a cessé.

Enfin, le compartiment C est destiné à recevoir les prisonniers qui se laissent prendre à ce piége.

Récapitulons succinctement la manière dont agit ce piége. Le poids n tend à faire tourner le battant par la puissance de sa pesanteur à laquelle ce dernier obéirait s'il n'était retenu par l'arrêt y de la bascule E, fig. 2. Ainsi l'oiseau, venant à entrer par l'ouverture du compartiment B, se pose sur les branches de la bascule E ; sa pesanteur, neutralisant l'action du poids g, fait baisser la bascule ; le battant, dégagé de l'arrêt y, obéissant à l'impulsion du poids n, tourne rapidement vers B, et pousse l'oiseau dans le compartiment A. Celui-ci, entraîné rapidement, arrive vers la cloison extérieure, et, chargeant la planche qui couvre le compartiment C, la fait baisser et tombe dans ce dernier compartiment où il reste prisonnier, la bascule se refermant sur lui.

On conçoit bien maintenant que, tant qu'il y aura de la

ficelle, à devider, ou que la hauteur où sera placé le piége permettra l'action du poids *n*, on n'aura pas besoin de le remonter, et que l'on pourra prendre plusieurs oiseaux sans s'en occuper.

On prend avec les trébuchets à battant et sans fin toutes les espèces d'oisillons, lorsque surtout on emploie des appelans; car, sans leurs secours, on ne pourrait les atteindre toutes.

§. 5. *De l'assommoir du Mexique.*

Ce piége auquel nous laissons son nom que nous empruntons à l'auteur de l'Aviceptologie, qui probablement l'a nommé ainsi, en ce qu'il est fait à l'imitation des machines que les Mexicains emploient contre les bêtes malfaisantes, est, à proprement parler, un trébuchet, ou du moins il agit de la même manière; il en diffère néanmoins en ce qu'il assomme le gibier, tandis que les autres trébuchets le prennent vivant.

Quoiqu'il soit plus agréable en effet de prendre un oiseau en vie, cependant il est quelques espèces dans la foule des animaux ailés qui méritent qu'on les traite avec la dernière rigueur, et c'est contre ceux-ci qu'il est bon d'employer ce piége. Cependant on ne peut le faire que contre ceux qui se posent à terre. C'est à d'autres piéges qu'il faut avoir recours pour atteindre ceux qui se tiennent constamment perchés. On peut tirer un parti important de celui-ci, en ce qu'étant susceptible des plus grandes dimensions en combinant la proportion des différentes pièces, il peut devenir une arme terrible, même contre les quadrupèdes, surtout si l'on garnit le battant d'un grand nombre de pointes aiguës qui déchirent l'animal et le mettent à mort.

Celui que nous allons décrire est destiné à servir contre les oiseaux.

Les fig. 1 et 2 de la pl. XXII représentent deux de ces assommoirs tendus, ne différant l'un de l'autre que parce que celui de la fig. 1 se détend dans le châssis, et celui de la fig. 2 en dehors.

Ce châssis se compose de quatre morceaux de bois ; les deux plus longs A A se nomment arbres : leur longueur est, pour l'espèce de piége que nous décrivons, de deux pieds ; leur grosseur est proportionnée à la pesanteur du battant, et elle doit être telle qu'elle ne nuise point à leur élasticité. Ces deux arbres sont assemblés au moyen des deux montans b c, et alors le châssis a la forme en petit des limons d'une voiture. Le montant b a un pied de long. Il réunit les extrémités des arbres, soit en taillant ses bouts en tenons qui entrent dans des mortaises qui y sont pratiquées, et en clouant ensuite ; ou, au moyen de fils de fer qui les assujettissent. Le montant c est d'un demi-pouce plus long que celui b, pour faire arquer un peu les arbres. Un tenon termine chacun de ses bouts et entre dans une mortaise, ménagée dans l'épaisseur des arbres ; ce second montant n'a pas besoin d'être cloué, le montant b et la corde E E tendant à faire serrer les arbres sur ce montant qui les maintient à la distance convenable. Dans cet état, le vide qui se trouve entre les arbres offre un carré de treize à quatorze pouces de longueur sur douze de largeur.

Le battant se compose d'une planche de douze pouces de long sur onze de large, pour avoir au moins un pouce de jeu à l'entour entre les arbres. Au milieu du côté d, est un mentonnet pratiqué dans la planche qui fait assommoir. Ce mentonnet est long d'environ deux pouces, légèrement échancré au milieu de chacun de ses côtés. On l'engage

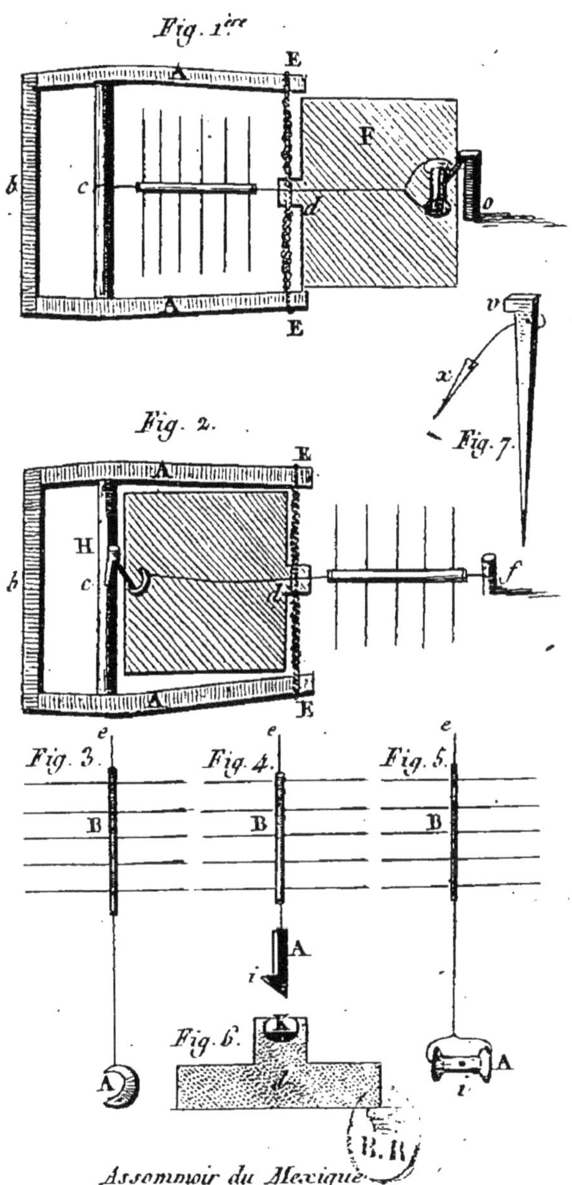

Assommoir du Mexique.

dans les doubles d'une forte ficelle E E , qui forme le ressort, et que l'on tord en faisant faire au battant plusieurs révolutions entre les branches des arbres. Pour la fig. 1 dont le battant se détend dans le châssis , il faut tordre la corde en dehors. Pour la figure 2, le battant devant jouer en dehors, il faut tordre la corde en dedans.

Il ne nous reste plus à décrire que les détentes avec lesquelles on fait jouer ce piége. Les fig. 3 , 4 et 5 de la même planche représentent trois détentes différentes. Il ne nous paraît pas difficile d'ailleurs d'en approprier à ce piége.

La fig. 3 a , à son extrémité inférieure, un petit morceau de bois dur A, de la longueur d'un pouce environ, offrant à peu près la figure d'un croissant dont tous les angles seraient arrondis. Ce morceau de bois a un cran à son extrémité inférieure pour recevoir un triquet taillé en coin. De l'autre côté, il est percé d'un petit trou pour le lier au moyen d'une ficelle à la marchette B, qui se compose d'un petit bâton léger, traversé par cinq ou six fils de fer fin. Cette marchette a également une ficelle e à son extrémité supérieure, qui se termine par un nœud coulant, pour être attachée, soit à un piquet, soit au montant c du châssis.

La fig. 5 offre une marchette disposée de la même manière qui tient par une ficelle une bobine A, dans le milieu de l'axe de laquelle est un petit trou i pour recevoir l'extrémité taillée en pointe d'un triquet.

La fig. 4 représente une détente qui se compose également d'une marchette B semblable aux précédentes, mais traversée par un fil de fer un peu gros qui va de e en A. La détente est un morceau de bois plat A, long de deux pouces, encoché, au point i , d'une entaille profonde de trois lignes. Pour faire usage de cette détente, il faut que le mentonnet du battant de l'assommoir soit disposé comme le représente la fig. 6, qui offre la partie *d* du battant vue en dessous. On remarque que le mentonnet est garni d'un morceau de bois, *k*, qui s'élève de trois lignes. C'est ce second mentonnet que la détente arrête dans son entaille *i*, et qui force le battant à rester dans la position nécessaire pour qu'il soit tendu ; cette détente n'est pas la moins bonne.

Toutes ces détentes peuvent convenir aux deux manières de tendre l'assommoir, soit qu'il se détende dans le châssis, soit qu'il joue en dehors.

La fig. 1 représente un assommoir tendu pour abattre son battant en dedans. Dans ce cas, la marchette s'attache au montant *c* par la ficelle qui se trouve en *e*, fig. 3, 4 et 5, et disposée en nœud coulant ; elle couvre, au moyen des fils de fer, l'intervalle qui se trouve entre les arbres où l'on a jeté quelques appâts. La ficelle qui se trouve à l'autre extrémité vient passer en *d* par dessus le battant F, prolonge la bobine ou le croissant des fig. 5 et 3 jusqu'à environ un pouce du bord supérieur du battant.

Pour tenir le battant à plat, on plante solidement en terre au point *o*, fig. 1re, à un pouce du battant, un piquet long de neuf pouces, que l'on enfonce jusqu'à ce qu'il ne dépasse plus le sol que de trois pouces.

Ce piquet, fig. 7, est carré à sa partie supérieure et taillé en pointe par le bas ; il a un petit rebord *v* de trois lignes seulement, et est garni d'un petit triquet *x* long de deux pouces, que l'on y assujettit en le liant par une ficelle pour ne pas le perdre.

Pour la détente, fig. 5, le triquet est taillé en pointe, et cette pointe se place dans le trou du milieu de la bobine ; sa partie supérieure, taillée en coin, vient se placer sous le rebord *v* du piquet et empêche le battant de se lever. Pour la fig. 3, le triquet est taillé en coin des deux côtés, et mord par le bas dans le cran qui est au croissant et de l'autre sous le rebord du piquet, et opère le même effet par rapport au battant : dans l'un et l'autre cas, l'oiseau, venant à se poser sur la marchette, fait glisser la bobine ou le croissant; le triquet perdant son aplomb s'échappe, et le battant, devenu libre, cédant à l'impulsion de la corde, se rabat vivement.

Pour la détente fig. 4, il ne faut point de piquet, la marchette fixée au montant *c* couvre également l'intervalle vide entre les arbres et prolonge jusque sous le mentonnet la détente A dont le cran *i* mord le rebord *k* du mentonnet et le maintient tendu; l'oiseau, venant également à se poser sur la marchette, fait échapper le cran *i*, et le battant se rabat aussitôt.

Pour faire abattre le battant en dehors, il faut qu'il soit tendu en dedans des châssis, et alors la détente est en dehors, comme l'indique la fig. 2. On se sert pour cela d'un piquet ordinaire *f*, fig. 2, auquel on attache la marchette, et, sur le montant *c*, est ajusté solidement une tête de piquet H semblable à celle de celui fig. 7, qui porte un triquet pour assujettir la détente.

Si l'on fait usage de la détente fig. 4, il est inutile de placer sur le montant *c* cette tête de piquet.

Pour les détentes 3 et 5, on peut remplacer les marchettes par un fil de fer lié au croissant ou à la bobine, et dont l'extrémité, soutenue par un petit piquet planté en terre et percé d'un trou ou garni d'un anneau pour le passage de ce fil de fer, offre l'appât qui, tiré par l'oiseau, fait échapper la détente.

Quant à la détente fig. 4, comme c'est la pesanteur de l'oiseau et le mouvement qu'il lui imprime qui la fait agir, il faut conserver la marchette; car, en tirant, le cran *i* n'échapperait point le rebord du mentonnet.

Pour tendre ce piége, on assujettit les arbres A A et le mon tant *b* chacun par un piquet à crochet. Quelques personnes montent ce piége sur une planche. Nous n'y voyons aucune nécessité. Il faut, en le tendant, veiller à ce que le jeu du battant ne puisse être gêné en rien ; et pour cela on creuse légèrement la terre au-dessous du mentonnet.

On tue, au moyen de ce piége, une grande quantité de petits oiseaux ; c'est surtout contre les moineaux que nous le recommandons : la plupart des autres espèces méritent quelque pitié en considération de leur chant et de la beauté de leur plumage ; et il est plus agréable de les prendre vivans.

Ce piége peut être utilement employé contre toute l'espèce des corbeaux et contre quelques oiseaux de proie, en lui donnant de plus grandes dimensions, l'appâtant convenablement, et armant même, au besoin, son battant de quelques pointes de fer.

§. 6. *De la mésangette.*

D'après la définition que nous avons faite des trébuchets, on ne doit pas s'étonner de voir ce piége classé parmi eux ; et en effet il n'en diffère que parce que, dans les trébuchets proprement dits, il existe un ressort qui fait agir le piége ; au lieu que, dans celui-ci, la porte qui doit couvrir le piége et enfermer l'oiseau, tombe par son propre poids quand son support lui est ôté.

Malgré son nom de mésangette, il n'est pas exclusivement destiné à ne prendre que des mésanges ; il réussit parfaitement bien contre tous les oisillons granivores, si on le tend dans l'hiver. Tous les emplacemens pour cela sont bons, et le temps de neige est le plus favorable.

La fig. 1 de la pl. XXIII représente une mésangette tendue au moyen d'un quatre de chiffre. La manière de la former n'est pas difficile.

Fig. 1.ʳᵉ

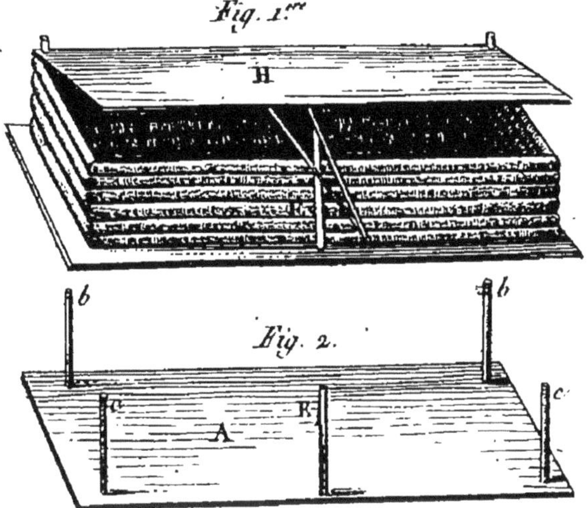

Fig. 3.

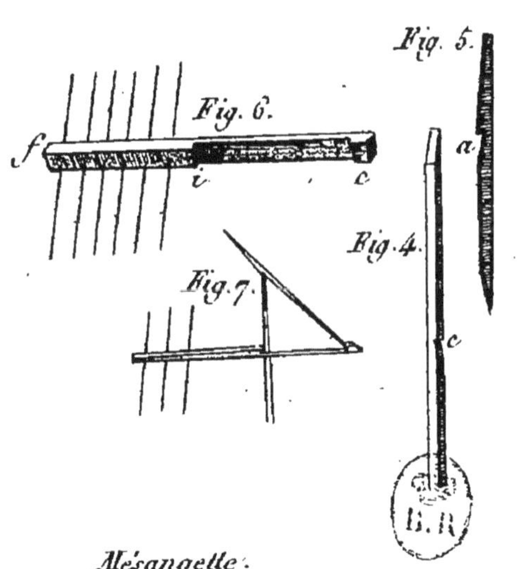

Mésangette.

Sur une planche plus longue que large, et dont les dimensions sont à volonté, on fixe aux quatre coins quatre piquets dont les deux d'un côté sont de deux pouces plus longs que les autres, et sont destinés à former le derrière de la mésangette. *Voyez* la fig. 2. A est la planche qui forme la base, *b b* les deux piquets plus longs, *c c* les deux piquets du devant de la mésangette. Au point E est le support du quatre de chiffre implanté sur le bord de la planche, hors de la ligne des piquets *c c*.

La fig. 3 représente la forme des bâtons destinés à remplir les intervalles des piquets. On entaille sur ce modèle, et d'une longueur proportionnée à la distance des piquets, un nombre suffisant pour fermer les quatre côtés. Après cela, on commence par placer un de ces morceaux de *b* en *b*, en ayant soin que les coches *o o* embrassent les deux piquets *b b*; on en place un second de *c* en *c*, dont les coches embrassent les piquets *c c*; ensuite sur les deux petits côtés de *c* en *b*. Cela fait, on a un rang formé à l'entour; mais on doit remarquer que les deux bâtons placés de *c* en *b*, portant sur les pointes des coches *o*, *o* des bâtons placés de *b* en *b* et de *c* en *c*, ne touchent pas à la planche; pour remplir ce vide, on se sert de terre glaise ou d'un moyen équivalent, afin de retenir la graine que l'on met pour appât dans le fond de la mésangette.

On continue ensuite de placer les bâtons dans le même ordre jusqu'à la hauteur des piquets, et on obtient une espèce de coffre à claire voie; ce qui est nécessaire pour que les oiseaux aperçoivent du dehors la graine que l'on leur offre pour appât.

Cela fait, on fixe sur ce coffre, et pour en fermer l'ouverture supérieure, une planche que l'on nomme porte H, fig. 1re, et on l'attache aux piquets *b*, *b*, au moyen d'une forte ficelle passée dans des trous, percés avec une vrille, dans l'épaisseur de la planche ; cette dernière doit être d'une pesanteur proportionnée à son usage ; et doit, étant fermée, ne laisser sur les bords de la mésangette aucun vide qui puisse laisser passage à un oiseau.

Pour tendre ce piége, il faut que la porte soit élevée à environ six pouces du bord antérieur de la mésangette. Cet intervalle peut être plutôt moindre que plus grand, par la raison que moins la porte est ouverte, moins elle met de temps à se fermer.

Pour soutenir la porte élevée, on se sert, suivant quelques personnes, de deux petites planches longues et minces, soutenues en croix dans l'intérieur de la mésangette sur un pivot moins long d'un pouce que les piquets *c*, *c*, et sur lesquelles on place un petit piquet mobile qui soutient la porte de manière que le moindre oiseau, venant à toucher à ces planchettes, les fait culbuter, et la porte se ferme sur lui. Mais, suivant notre expérience, le quatre de chiffre est d'un effet plus sûr.

Malgré que ce quatre de chiffre ne soit pas un piége et que sa composition soit très-connue, nous pensons cependant devoir en détailler les parties pour les personnes peu familiarisées avec toutes ces sortes d'inventions qui ont le mérite d'être simples et ingénieuses.

Ce quatre de chiffre se compose de trois pièces. La 1re, fig. 4, est le *pivot*. Il est ordinairement planté en terre droit et verticalement ; sa tête se termine en coin, au milieu et sur le côté est une entaille *c* de haut en bas.

La 2e, fig. 5, se nomme *support*. C'est un bâton taillé en coin par le bas *d*, ayant une coche *a* à un tiers de sa longueur, vers le haut, dont le biseau descend dans le même sens que le coin de son extrémité inférieure.

La 3e, fig. 6, se nomme *marchette*. C'est un bâton d'une longueur proportionnée au piége sous lequel on veut le cacher. Il a à l'un de ses bouts une coche *c* dont le biseau est dans le sens de la longueur. Cette coche doit faire face en l'air, la marchette étant dans la position nécessaire au jeu de cette espèce de détente. Sur le côté est une seconde coche *i* dont le biseau est dans le sens opposé à celui de la 1re; l'extrémité *f* de la marchette est ordinairement garnie de plusieurs fils de fer : quelques personnes la garnissent de quelques menus brins de bois; d'autres enfin font deux entailles à une branche d'arbre et s'en servent comme de marchette.

Les trois pièces ainsi disposées, pour former le quatre de chiffre, comme l'indique la fig. 7, on plante en terre le pivot fig. 4; on engage dans sa coche *c* la coche *i* de la marchette fig. 6, ce qui forme la croix, et, dans la coche *c* de cette marchette, le coin *d* du support dont la coche *a* repose sur l'extrémité du pivot. Dans cet état, on sent qu'un piége quelconque, appuyant sur le support, tend à le faire baisser par sa pesanteur; mais celui-ci n'obéit pas, ayant son extrémité cunéiforme *d* retenue par la coche *e* de la marchette qui est maintenue elle-même dans cette position par la coche *c* du pivot qui serre fortement contre la coche *i*. Mais aussi le moindre mouvement qui ébranle la marchette fait échapper les coins des coches; et le support, n'ayant plus de point d'appui, laisse tomber le piége.

Pour tendre la mésangette, au moyen du quatre de chiffre, on fiche sur le bord antérieur de la planche le pivot à un pouce environ du coffre; la coche *e* est un peu au-dessus du bord pour que la marchette puisse passer sous la porte de la mésangette. On a soin de tenir les fils de fer qui sont à l'extrémité de la marchette d'une longueur suffisante pour qu'un oiseau ne puisse entrer dans le piége sans toucher à l'un d'eux.

CHAPITRE IV.

PIÉGES DIVERS.

§. 1. *De la pince d'Elvaski.*

LA fig. 1 de la pl. XXIV représente ce piége tendu. A est la base : c'est une pièce de bois plate, longue de dix pouces, large de quatre, et épaisse de quinze lignes ; au point *i* est un trou servant au passage d'un piquet que l'on enfonce en terre pour maintenir le piége et l'empêcher d'être entraîné par les canards qui s'y prennent.

Sur cette base A est fixé, au moyen de deux attaches *c c*, un ressort de fil de fer B B, contourné en spirale de la même manière que celui du collet à ressort, décrit précédemment, excepté que les extrémités *b b* forment une pince coudée, imitant les petites pinces dont se servent les fumeurs pour prendre le charbon avec lequel ils allument leur pipe ; tandis que, dans l'autre piége, les extrémités du ressort sont contournées en œillets. La grosseur du fil de fer est celle d'une plume à écrire. Il est contourné à froid quatre fois sur lui-même, et la spirale *c c* a trois pouces de diamètre. La longueur des branches, depuis la spirale *c c* jusqu'au premier coude *c c*, est de treize pouces ; celle de ce coude jusqu'à celui *d d*, est de six pouces ; et de là jusqu'à l'extrémité *b b*, la longueur est de cinq pouces ; du coude *d* jusqu'à l'extrémité *b*, la partie intérieure de la branche est légèrement dentelée. On conçoit maintenant qu'en serrant les branches B B, on donne aux portions de ces branches *d b* un écartement suffisant, et qu'en abandonnant ces mêmes branches à elles-mêmes, les parties *d b* se serrent l'une contre l'autre, surtout en ayant soin de maintenir ces

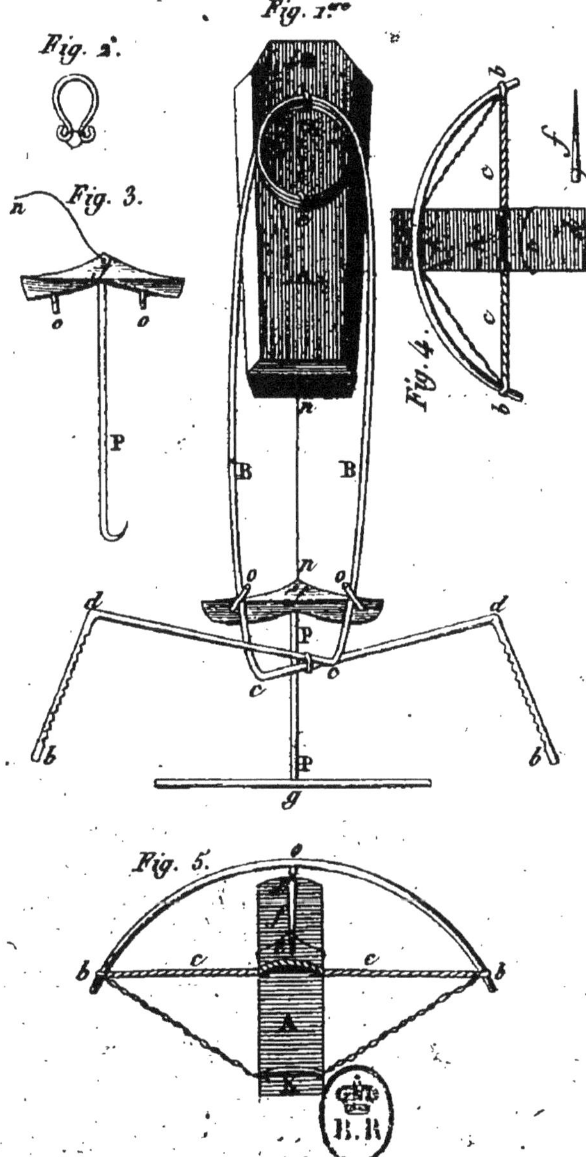
Fig. 1.ᵉʳᵒ
Fig. 2.
Fig. 3.
Fig. 4.
Fig. 5.
Pince d'Elvaski.

mêmes branches au moyen d'un anneau en fil de fer,
représenté à part, fig. 2, et qui a ses deux extrémités contournées comme une porte d'agrafe. On passe une ficelle
dans les deux œillets de cet anneau pour le tenir fermé. Il
est placé, fig. 1re, entre *c c*. Sans cet anneau, les branches
emportées par l'impulsion que leur communique la spirale
e e, ne se serreraient pas l'une contre l'autre; mais s'é-
cartant tout-à-fait, feraient l'effet d'un arc détendu.

Pour maintenir les branches écartées et faire faire au
ressort l'effet que l'on désire, on se sert d'une marchette
f g, fig. 1. Cette marchette est liée à la base par une pé-
tite ficelle *n n*, attachée à un anneau de fil de fer, implanté
dans l'épaisseur du devant de la base. Pour une pince d'Elvaski, faite suivant les proportions que nous avons données,
la longueur de la ficelle est de quatre pouces. Cette marchette *f g* se compose d'un morceau de bois *f* long de quatre
pouces et demi et large de six à sept lignes; à quatre lignes
de chacune de ses extrémités sont implantées verticalement deux pointes de fer *o o*, qui s'élèvent de trois lignes.
Du milieu du morceau de bois *f*, part un fil de fer *p p* qui
y est implanté, long d'environ six pouces, et de moitié
moins gros que celui qui forme la pince. Ce fil de fer soutient la marchette *g*, formée d'un bois léger, tel qu'une
branche de sureau; elle est longue d'environ neuf pouces et
d'un diamètre de deux à trois lignes.

Pour tendre la pince, comme l'indique la fig. 1re, on serre
entre ses mains les branches B B du ressort, de manière à
ce qu'elles puissent se placer sur la marchette *f g*, et être
prises entre les pointes de fer *o o*, qui les retiennent, et
procurent aux extrémités de ces branches *d b* l'écartement convenable; dans cet état, la marchette se trouve
soutenue par la pression des branches sur les pointes *o o*,
et la marchette *g* se prolonge entre les branches de la pince,

de façon que le moindre choc qu'elle reçoit la fait baisser; et les pointes de fer, laissant échapper les branches, la pince vient se serrer fortement et arrête l'oiseau qui a touché à la marchette.

La fig. 3 représente une autre marchette qui, au lieu de se placer sous les branches de la pince, se place par-dessus. Sa partie *f* est semblable à celle de la première marchette ; elle s'attache de même à la base par le moyen de la ficelle *n*. On voit en dessous l'extrémité des pointes *o o*, destinées à retenir les branches de la pince. Le fil de fer *p p*, au lieu de soutenir la marchette *g*, est terminé par un crochet pointu que l'on garnit d'un appât qui, saisi par un oiseau, enlève la marchette, et les branches de la pince se serrent aussitôt.

Ce piége, fait sur les dimensions que nous avons données, s'emploie avec avantage contre les canards sauvages et les différens oiseaux d'eau. En en semant plusieurs sur les bords des étangs et marais, et appâtant convenablement sous la marchette dont le jeu doit être parfaitement libre, on obtient un succès complet. Il faut avoir attention de bien fixer la base, par le moyen d'un piquet enfoncé dans le trou *i*, afin qu'un canard pris ne puisse entraîner le piége. On cache également la base avec de la vase ou des joncs, mais de manière à ne pas gêner le jeu des pinces.

On fait des pinces pour tendre aux oisillons, sur des dimensions plus petites, et on s'en sert avec avantage aux abreuvoirs et dans les passages d'hiver. C'est à l'oiseleur à saisir les occasions favorables et à mettre à profit une infinité de circonstances où le même piége modifié et appâté convenablement peut devenir d'un service très-utile.

§ 2. *De l'hameçon à ressort.*

On emploie ce piége contre les canards sauvages. La

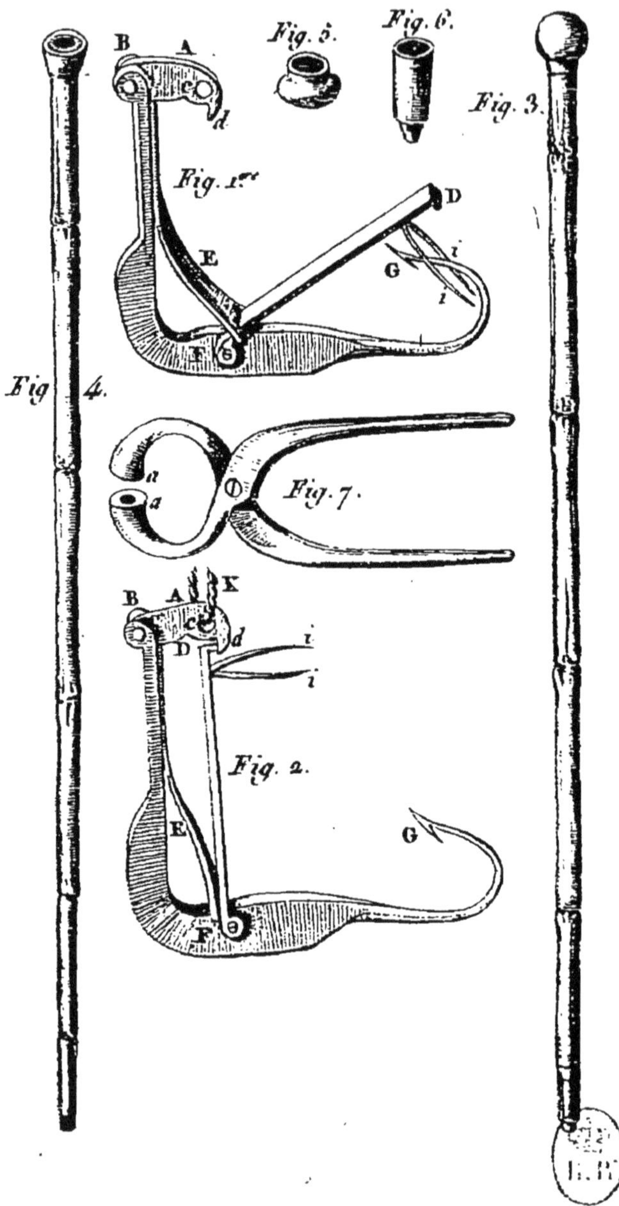

Hameçon à ressort et sarbacane.

fig. 1 de la pl. XXV le représente : A est une pièce en fer, plate, qui joue dans la charnière B. Elle sert à suspendre le piége à un piquet, au moyen d'une ficelle que l'on passe dans le trou *c*, et à tendre le piége par l'arrêt *d* qui retient la branche D. E est une lame d'acier qui fait ressort; elle embrasse, par une fourche qu'elle forme à son extrémité inférieure, celle de la branche D, au point F. Ce ressort tend à faire baisser la branche D. Celle-ci est une pièce plate, fixée sur la branche F qu'elle embrasse en formant une fourche; elle tourne sur une goupille qui en traverse les deux branches, ainsi que la partie F. A son extrémité D, elle est armée de deux pointes aiguës *i i*, qui y sont soudées. La partie B F G est formée d'une seule pièce qui sert de support au piége. G est l'hameçon pour recevoir l'amorce que l'on y place.

La fig. 2 de la même planche représente le même piége tendu. Pour y parvenir, on plante un piquet en terre, on y attache le piége, au moyen d'une ficelle solide *k* qui passe dans le trou *c*; on relève la branche D, sur laquelle on rabat la pièce A, qui la retient au moyen de son cran *d*. Dans cette position, le ressort E est resserré, et tend à repousser la pièce D; on place ensuite l'amorce à l'hameçon G.

Lorsque l'on veut prendre des canards, on place ce piége dans les marécages où l'on sait qu'ils abondent; on le suspend de façon qu'il soit à environ deux pouces du sol, et que rien ne puisse en gêner l'effet. Si un canard aperçoit l'amorce, il s'en saisit goulument; et, pour la dégager de l'hameçon, il tire dessus. L'effort qu'il fait force la pièce A qui est retenue par la ficelle à échapper; et la pièce D, n'étant plus retenue, obéit à la puissance du ressort E, et vient frapper brusquement l'oiseau sur la tête ou sur le bec où les pointes *i i* pénètrent assez pour le retenir; d'ailleurs, tous les mouvemens qu'il fait ne servent qu'à l'engager davantage.

§. 5. *Du brai.*

La fig. 1 de la pl. XXVI représente ce piége. Il se compose de trois morceaux de bois A, B, C. A est la poignée par laquelle on tient et fait jouer le piége. Cette poignée est représentée à part, fig. 2, même planche. Sa longueur est de six à sept pouces. Elle a environ un pouce d'équarrissage. La fig. 2 indique suffisamment sa forme ; *a* est un trou rond profond d'un pouce, et d'un diamètre de six lignes ; il est destiné à recevoir les deux extrémités des pièces B, C, qui doivent y être emmanchées solidement, comme on le voit dans la fig. 1 ; à sa face intérieure est pratiquée une entaille *b*, longue de trois pouces, profonde d'environ sept lignes, et large de six. Cette espèce de mortaise sert à loger un petit morceau de bois *d*, dont les dimensions sont proportionnées à la grandeur de l'entaille. Cette pièce de bois *d* sert de détente au piége. Elle est fixée dans la mortaise *b* au moyen d'une goupille en fer, dont on voit la tête sur la poignée en *i*. L'autre extrémité est percée d'un trou pour le passage de la ficelle qui fait jouer le brai. L'orifice interne de ce trou est évasé pour loger le nœud de la ficelle. On donne quelquefois à la poignée du brai la forme d'une fourche K, fig. 6, quand on veut ne pas être obligé de le tenir à la main.

Les deux pièces B, C sont longues de deux pieds et demi. Celle B est plus grosse que l'autre ; elle est taillée intérieurement en gouttière pour recevoir la pièce C qui est ronde, et le diamètre est de quatre lignes. La forme de ces deux pièces se voit mieux par la fig. 3 qui représente l'extrémité d'un brai tendu. D'ailleurs, on en aura une idée exacte, si on se représente l'outil de perruquier, connu sous le nom de *fer à toupet.*

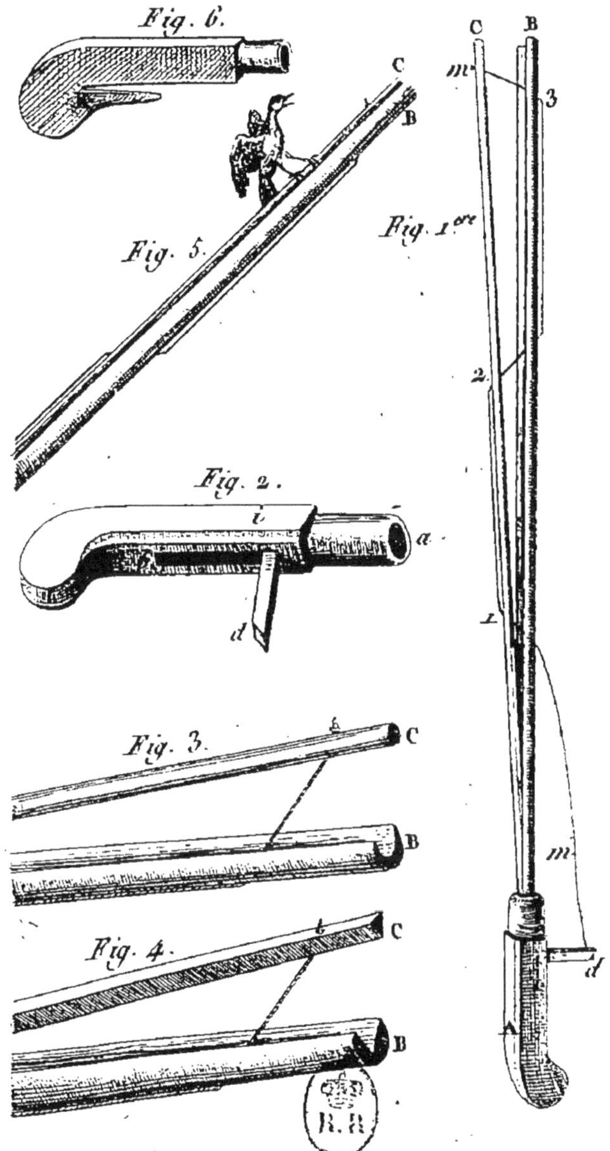

Pl. XXVI.
T. I. Page 96.
Fig. 6.
Fig. 5.
C
B
Fig. 1.re
C B
m
3
2
1
m
d
A
Fig. 2.
i
a
d
Fig. 3.
C
B
Fig. 4.
C
B
R.B
Brai.

La fig. 4 représente aussi l'extrémité d'un brai tendu, mais dont la forme n'est pas la même. Ici, la pièce C est taillée en angle, et celle B est creusée dans sa longueur d'une rainure triangulaire, disposée pour recevoir exactement la pièce C. Le brai fait sur ces deux modèles est également bon.

Expliquons maintenant le mécanisme du piége, et pour cela revenons à la fig. 1 qui représente un brai ouvert. Les pièces B, C étant emmanchées dans la poignée A, une ficelle, fine assez communément du fouet, bien savonnée pour qu'elle glisse mieux dans les différens trous où elle passe, part de la détente d, à laquelle elle est fixée par un nœud, traverse les deux pièces B, C aux points 1, 2, 3, et s'arrête, par un nœud qui se voit en m, sur la pièce C. Aux points 1, 2, 3, les deux pièces B, C sont percées diamétralement d'un trou pour le passage de la ficelle $m\,m$. La longueur de la ficelle est telle, qu'il faut que la détente d soit tout-à-fait hors de la mortaise pour permettre aux pièces B, C l'écartement convenable, qui est d'un demi-pouce au moins, et que, pour que ces mêmes pièces B, C soient jointes l'une contre l'autre, il faut que la détente d soit rentrée dans la mortaise.

La fig. 5 offre l'extrémité d'un brai détendu avec un oiseau qui est pris par les pattes.

§. 4. De la sarbacane.

La sarbacane est une canne creuse, longue d'environ trois pieds trois pouces. On la fait ordinairement en bambou. Elle est garnie intérieurement d'une lame de cuivre qui forme le tube dont le diamètre est de trois lignes et demie. L'excellence de cet instrument dépend de l'égalité du diamètre qui doit être le même dans toute la longueur, et de la manière dont il est dressé. L'intérieur du tube doit être parfaitement poli pour que rien n'arrête. Cette sarbacane est garnie, à son extrémité supérieure, d'une pomme à vis, et, à l'autre extrémité, d'un bout en cuivre également à vis. La fig. 3 pl. XXV, p. 97, la représente garnie de sa pomme et de son bout. La fig. 4 l'offre telle qu'elle est lorsque l'on veut s'en servir, c'est-à-dire sans bout ni pomme, représentés à part fig. 5 et 6.

Pour faire usage de cet instrument, on emploie de petites balles de terre glaise. On les fait à l'aide d'un moule en fer, représenté fig. 7, pl. XXV. Pour faire les balles, on détrempe la terre glaise, de manière cependant qu'elle ne soit que molle, et pas trop mouillée. On trempe les becs *aa* du moule dans l'huile, puis on pince la terre glaise, et la balle se détache aisément ; on en prépare ainsi un certain nombre que l'on laisse sécher.

On s'amuse avec la sarbacane à tirer des petits oiseaux. Elle peut porter à cinquante pas ; cependant la bonne portée est au plus, à quarante. On place une balle à l'entrée du tube que l'on dirige vers l'oiseau qu'on veut atteindre ; et on souffle fortement pour lancer la balle. Quand on est exercé à se servir de cet instrument, on réussit encore souvent. On ne tue pas toujours l'oiseau, mais on l'étourdit assez pour le faire tomber et s'en emparer.

§. 5. *Des gluaux.*

Un gluau est en général une petite baguette enduite de glu, que l'on dispose de différentes manières, mais toujours dans le but que les oiseaux y touchent ou par les pattes ou par les ailes. La glu qui les recouvre s'attache fortement à l'animal, le gluau gêne tous ses mouvemens ; et, ne pouvant plus faire usage des moyens que la nature lui a donnés pour fuir, l'oiseau reste au pouvoir de l'oiseleur.

Les saussais ou petites branches de saule, surtout ceux qui poussent sur le saule blanc ou commun, servent à faire les meilleurs gluaux. On connaît que ces saussais sont suffisamment mûrs lorsque l'on peut facilement les dépouiller de leurs feuilles. On doit cueillir de préférence ceux qui poussent sur le tronc et les principales branches. Ils doivent être minces, bien filés, droits, d'une bonne couleur et d'une longueur proportionnée à l'usage que l'on veut en faire. Les saussais pâles sont cassans et doivent être rejetés.

Quand on a cueilli la quantité de saussais nécessaire, on les pose tous sur leur cime en les tenant à poignée et on les égalise par le gros bout. On les étend ensuite deux heures environ au soleil ou dans un endroit où règne une douce chaleur, tel qu'un four à moitié refroidi.

Les saussais que l'on emploie pour la pipée, doivent avoir quinze ou seize pouces de longueur; on taille leur gros bout en forme de coin pour se placer plus commodément dans les entailles faites aux branches de l'arbre de pipée. Pour rendre ces bouts ainsi taillés d'un usage plus durable, on les passe sur des charbons allumés ou dans de la cendre brûlante, afin de les durcir et de les empêcher de s'émousser. Cependant beaucoup de pipeurs dédaignent ce soin, et prétendent que le saussais a toujours assez de dureté pour être implanté légèrement dans l'entaille de la branche où il ne doit tenir que fort peu.

Les gluaux destinés pour tendre l'arbret doivent avoir de six à sept pouces de long, et être plus gros que ceux pour la pipée, où il est essentiel qu'ils paraissent à peine, tandis qu'à cette chasse ils doivent être très-apparens pour présenter aux oiseaux un point d'appui qui les engage à s'y poser. L'extrémité du gros bout est taillé en pointe pour être implantée dans la moelle du dé.

Les gluaux employés pour la chasse aux alouettes doivent avoir trois pieds dix pouces, et leurs gros bouts aiguisés et durcis au feu.

Les saussais ainsi préparés , il ne reste plus qu'à les enduire de glu.

La glu est une substance visqueuse très-adhérente aux corps qui la touchent. On l'extrait par la trituration de l'écorce du houx et de celle du gui ; celle qui provient du houx est préférable. On peut s'en procurer si facilement que nous ne ferons qu'indiquer très-sommairement le procédé de sa fabrication qui d'ailleurs exige des soins qu'il ne vaut pas la peine de prendre, à moins que l'on fasse cette opération en grand.

On lève l'écorce des jeunes branches du houx, arbrisseau toujours vert dont les feuilles sont armées d'épines et qui est très-commun en France, où on l'emploie particulièrement en haie vive. C'est ordinairement en mai que l'on recueille cette écorce. Elle est recouverte d'une pellicule brunâtre que l'on détache en faisant tremper les morceaux quelques instans dans de l'eau bouillante. Il est nécessaire d'enlever cette pellicule dont la présence n'est bonne qu'à salir la glu.

Après cette opération, les morceaux d'écorce sont pilés dans des mortiers de pierre ; on rassemble dans des pots en terre la glu qui en résulte , et on la dépose dans un endroit dont la température un peu élevée l'excite à la fermentation. Une quinzaine de jours suffit ordinairement ; lorsque la glu a atteint le degré de fermentation qui lui est nécessaire , on la lave dans de l'eau fraîche pour la débarrasser du ligneux, provenant de l'écorce, dont elle se trouve encore chargée. Il faut environ six ou sept livres d'écorce pour en obtenir une de glu.

On emploie le même procédé pour extraire la glu de l'écorce du gui.

Il arrive souvent que l'on achète de la glu sale , car elle est presque toujours telle dans le commerce. Il y a deux moyens de la nettoyer : l'un consiste à-la laver dans de l'eau fraîche et courante; en la pétrissant bien, on la débarrasse de tous les corps étrangers qui s'y trouvent mêlés. L'autre moyen est d'y ajouter un peu d'huile d'olive pour la rendre plus fluide, et ensuite de la presser dans une toile forte et claire comme celle dite d'emballage. La glu passe au travers de la toile et se trouve très-propre. Le seul inconvénient de ce dernier moyen est de causer la perte de la portion de glu qui s'attache à la toile.

Pour la conserver, on la met dans un vase avec un peu d'huile ; c'est ordinairement de l'huile d'olive. Cependant les huiles de faînes, de navette, de noix et de lin peuvent remplacer l'huile d'olive au besoin.

Revenons à la manière de couvrir les gluaux de cette substance. On prend une poignée de saussais dans chaque main, et, après avoir trempé les bouts les plus minces dans la glu, on croise chaque poignée l'une sur l'autre; puis on écarte les mains pour les séparer, et on continue à croiser ainsi les poignées et à les séparer successivement, en tournant chaque poignée dans la même main jusqu'à ce que les gluaux soient exactement garnis de glu. De cette manière, la partie du gluau tenue dans les mains reste nette, pour pouvoir le manier à volonté sans se poisser les doigts.

On les conserve enveloppés dans une toile cirée ou une bande de cuir, que les oiseleurs nomment *carton*. Ce carton est d'une longueur à peu près égale à la hauteur des gluaux, et assez long pour faire environ deux tours. On a soin de le frotter d'huile intérieurement, pour que les gluaux ne s'y attachent pas. On peut encore se servir pour cet usage d'une feuille de parchemin et même d'une écorce de tilleul ou de cerisier, mais toujours frottés d'huile. On les dépose dans un endroit frais où ils se conservent mieux; car il est essentiel de les garantir de la sécheresse, qui ôte la qualité attachante de la glu, et fait casser les gluaux quand on veut les séparer pour tendre, ou les frotter entre les mains pour en renouveler la glu.

Lorsque l'on ramasse ses gluaux, il arrive très-souvent que l'on en trouve de tellement garnis de plumes, que l'on les jette faute de pouvoir les en débarrasser. On y parvient assez bien néanmoins en les approchant du feu. La chaleur rend la glu liquide; alors, en passant le gluau entre le pouce et l'index, on lui enlève toutes les plumes. Le pis aller est d'être obligé de remettre de la glu dans le cas où il n'en reste plus assez.

Comme il devient assez coûteux d'employer la glu pure, nous allons donner nn moyen de la mélanger, et qui joint à l'économie des qualités qui la rendent plus propre à l'usage qu'on lui destine.

On fait fondre une demi-livre de colophane, dans laquelle on verse environ un quarteron d'huile d'olive, que l'on mélange parfaitement; on y ajoute ensuite une livre de bonne glu, et on bat le tout ensemble jusqu'à ce que toutes les parties soient exactement bien mêlées. La glu, ainsi préparée, sera d'un usage plus certain; et, comme on sait que la chaleur la rend liquide et que le froid la durcit, on pare à cet inconvénient en mettant un peu plus de colophane et moins d'huile dans la préparation de la glu pour l'été, et le contraire pour la glu que l'on emploie l'hiver.

§. 5. *Des tendues d'hiver.*

On comprend sous ce nom tous les piéges fixes ou mobiles que l'on tend aux oiseaux pendant l'hiver, saison où on leur fait une guerre plus active, parce que les habitans des campagnes, moins occupés, ont plus de temps à consacrer à cet amusement.

Un des piéges les plus simples et les plus généralement employés se compose d'une porte ou claie, que l'on élève d'un côté au moyen d'un bâton placé verticalement. A ce bâton est attachée une ficelle qui se prolonge jusqu'à l'endroit où le chasseur est retiré. De là il est à même de voir ce qui se passe sous la claie; et, lorsqu'il voit assez d'oiseaux rassemblés, il tire la ficelle et fait tomber la porte, sous laquelle sont pris ou tués les oisillons qui s'y étaient glissés pour manger la graine que l'on a soin d'y jeter. Ce piége réussit parfaitement bien par un temps de neige. On a soin de nettoyer la place sur laquelle on veut le tendre, et cette précaution suffit pour attirer une foule d'oisillons.

Pour perfectionner ce piége et éviter d'écraser les oiseaux qui en sont les victimes, on forme un châssis en bois d'une dimension convenable, et on le couvre d'un filet qui fasse bourse, et dont les mailles sont proportionnées à la grosseur des oiseaux que l'on veut prendre. Pour soutenir ce châssis en l'air, on place aux extrémités de ses deux grands côtés une petite planche d'un pouce de large, et longue de six pouces. Ces planchettes, destinées à être les supports du châssis, sont fixées sur ses côtés au moyen d'un clou ou d'une vis passé dans un trou, fait à une de leurs extrémités, et sur lequel elles peuvent jouer toutes les quatre. On dresse ce châssis sur ces quatre pieds mobiles, comme serait une table; mais, pour qu'il s'abatte également, on place ces planchettes inclinées toutes quatre du même côté sur autant de tuiles égales en épaisseur. Mais comme, dans cet état, le châssis tomberait aussitôt, ses pieds n'ayant pas d'équilibre, on le soutient au moyen d'un bâton, d'une longueur proportionnée, que l'on place en arc - boutant du côté où il incline. Une ficelle, liée également à ce bâton, sert à le faire tomber, lorsque le chasseur voit dessous le filet une assez grande quantité d'oiseaux.

On peut se dispenser de rester aux aguets auprès de ce piége, en se servant d'un quatre de chiffre, dont l'extrémité supérieure du pivot serait prise dans une mortaise, pratiquée en dessous dans l'épaisseur du châssis, pour empêcher ce dernier de glisser. Il faut aussi que la marchette offre un assez grand nombre de juchoirs pour que les oiseaux puissent s'y poser et faire détendre le piége; et, pour plus de précautions, il faut attacher avec un fil, à l'extrémité de cette marchette, quelques vers de terre, afin que les oiseaux, en cherchant à s'en emparer, ébranlent le quatre de chiffre et fassent abattre le châssis. Avec le quatre de chiffre, la disposition des pieds du châssis est la même, ainsi que la manière de le dresser.

C'est encore pendant l'hiver que les oiseaux, ne trouvant plus d'alimens dans les campagnes couvertes de neiges, ou dont la terre durcie semble retenir les grains qu'ils ne peuvent en arracher, se rapprochent des villages et des habitations. La faim semble alors leur ôter leur timidité, et on les voit pénétrer dans les greniers, dans les granges et dans les chambres même, dans l'espérance de trouver de quoi fournir à leurs besoins; aussi les habitans des campagnes mettent-ils cette saison à profit pour leur tendre toutes sortes de piéges dans des chambres ou greniers.

Les uns placent, en dehors d'une lucarne ou fenêtre, un filet en forme de poche alongée, et laissent d'un autre côté du bâtiment une ouverture dont ils garnissent les dehors et le dedans de différentes sortes de graines. Ces graines attirent les oiseaux qui viennent en foule profiter de cette abondance qui les engage bientôt à pénétrer dans l'intérieur ; on ferme alors la fenêtre par laquelle ils sont entrés ; et, se présentant à la porte, on les effarouche. En voulant fuir du côté où ils voient le jour, ils s'engagent dans le filet qui ferme la seconde ouverture, et on n'a plus qu'à s'en emparer.

D'autres les attirent dans des chambres vides en leur présentant de même une nourriture abondante. Ces chambres ont deux fenêtres dont l'une est fermée par un filet contre-maillé, et l'autre offre une entrée aux oiseaux. Celle-ci est garnie d'un volet glissant entre des coulisses, et soutenu en l'air au moyen d'une corde et d'une poulie. Lorsque l'on voit bon nombre d'affamés dans la chambre, on laisse tomber le volet, et on y entre ensuite pour prendre les prisonniers. Ceux-ci tombent au pouvoir du chasseur, ou, cherchant à fuir, se prennent dans les bourses du filet contre-maillé au travers duquel ils croient pouvoir s'ouvrir un passage.

Nous ne terminerons pas l'article des tendues d'hiver sans dire un mot des fossettes, qui, quoique piége d'enfant, ne sont pas à dédaigner, puisqu'elles sont le tombeau d'un grand nombre de geais, grives, gros-becs, merles, rouge-gorges et autres oisillons.

C'est principalement de novembre en mars que ces piéges réussissent le mieux, parce qu'alors la disette des fruits rend les oiseaux plus hardis à fondre sur les appâts que l'on leur présente. On creuse de petites fosses le long des haies ou aux environs des buissons à l'abri des vents de nord et de nord-est, parce que les oiseaux préfèrent ces endroits pour y chercher les vers, et que, d'ailleurs, la terre y est ordinairement moins dure pour y creuser. On donne à ces fosses cinq pouces de profondeur sur six de largeur et douze de longueur. On en garnit le fond, de noix, de baies de genièvre, de chenevis, de blé, de vers de terre, etc. ; et on se sert, pour couvrir cette fosse, d'une pièce de gazou, d'une tuile ou d'une pierre plate, d'une dimension égale à l'ouverture de la fosse. Cette pierre ou tuile est soutenue au moyen d'un quatre de chiffre, que les oiseaux, en entrant dans la fosse, ne manquent pas de faire tomber.

Ce piége est un de ceux le plus communément employés par les habitans des campagnes, et le jeu le plus ordinaire des enfans.

Il en est encore un qui leur est favori, ce sont les sauterelles.

Ce piége, infiniment simple dans son mécanisme, mérite cependant de trouver sa place dans cet ouvrage où nous nous efforçons de ne rien omettre de ce qui est à notre connaissance. La fig. 4 de la pl. XXIV, p. 94, le représente. A est une petite planchette, longue de six pouces et large de dix-huit lignes, qui lui sert de base. Le demi-cercle b b est une côte de mouton large de six lignes. Ses extrémités b b sont assujetties au moyen d'une ficelle c c mise en plusieurs doubles et tordue de la même manière que celle employée pour le trébuchet à cordes ; cette ficelle fait ressort et tend à serrer sur la planchette la côte b b ; elles sont de plus maintenues par un fil de fer double et tordu qui embrasse également ment la base A au point k. On voit en e un fil qui entoure la planchette et qui est assez lâche pour qu'en le relevant par son milieu, il y ait entre lui et la planchette un intervalle de six à huit lignes ; f est la détente : c'est un petit morceau de bois long de dix-huit lignes, taillé comme un fosset. Il est lié à la base A au moyen d'un fil fort, long de deux pouces et demi.

La fig. 5 représente cette sauterelle tendue. Pour y parvenir, on force la côte b b de se rapprocher de l'extrémité d

de la planchette A où est liée la détente. Pour la retenir, on passe par-dessus la côte le fil qui tient la détente, comme on le voit en *o*, et on appuie contre la face interne du demi-cercle le gros bout du petit morceau de bois *f*, dont on engage la pointe sous le fil *c*. Dans cet état, la sauterelle est tendue.

On en prépare ainsi une certaine quantité; et, lorsque la neige couvre la terre et force les oisillons parasites à se rapprocher des villages pour y chercher leur nourriture, on nettoie une place, et on y tend ses sauterelles. On les couvre de crottin de cheval que l'on écrase entre les mains et dont on retire les grains d'avoine qui pourraient s'y trouver. On a eu soin d'enfiler dans le fil *c* un grain de blé, et on dispose le piége de manière à ce qu'il soit bien visible, et que l'oiseau ne puisse s'en emparer qu'en se présentant par A, fig. 5. Bientôt les oisillons arrivent en foule à cette tendue, et il est rare que chaque piége ne fasse pas un prisonnier qui, cherchant à s'emparer du grain de blé, tire le fil à lui, et dégage la détente; la côte n'étant plus retenue, se rabat vivement sur l'oiseau qui quelquefois est assommé, et d'autres fois se trouve pris ou par le col ou par une aile, ou une patte entre la côte et le fil de fer.

On prend encore des corbeaux, corneilles et pies avec une sauterelle semblable, mais faite sur de plus grandes dimensions et en amorçant le fil *c* avec un morceau de viande crue. On choisit également un temps de neige et un endroit fréquenté par ces oiseaux, que l'on nettoie de la même manière, et où on place ses sauterelles que l'on cache le plus possible. Il faut, dans ce cas, assujettir la planchette qui sert de base, par un piquet à crochet que l'on enfonce en terre, en le faisant passer par un trou pratiqué au milieu de cette planchette. Cette précaution est utile, parce qu'un corbeau pourrait entraîner le piége.

La dimension à donner à cette sauterelle doit être un pied pour la base, et deux pieds de longueur pour la côte.

CHAPITRE V.

DES MOYENS D'ATTIRER LES OISEAUX DANS LES PIÉGES.

Il ne suffit pas de tendre un piége pour y prendre l'animal contre lequel il est destiné ; il faut que, par un moyen approprié à ses habitudes, à ses mœurs et à son goût, on l'engage à s'en approcher, et à vaincre la répugnance naturelle qui l'éloigne de tout ce qui lui paraît extraordinaire.

Ces moyens ont été pour la plupart indiqués par la nature, et l'industrie de l'homme observateur y a ajouté ceux que son génie inventif a su créer, en mettant à profit ses remarques. C'est ainsi que les chasseurs ont augmenté les chances de succès, en employant les appâts, appeaux, appelans, etc. Quelquefois tous ces moyens sont réunis, d'autres fois ils sont mis en usage séparément.

Section Ire.—Des appats.

On entend par ce mot toutes les substances alimentaires que l'on peut employer pour faire donner les animaux dans un piége. Le talent nécessaire est de les choisir appropriés à l'espèce que l'on veut prendre. Ce talent s'acquiert par l'observation, car la nature nous laisse apercevoir une por-

tion de ses secrets quand nous prenons la peine d'ouvrir les
yeux sur le grand livre qu'elle nous présente sans cesse.
Les personnes qui habitent la campagne sont à même de
faire une foule de remarques utiles. Nous nous attacherons,
à chaque article, à faire connaître les habitudes et les alimens qui sont propres à l'animal auquel il sera consacré,
et ce sera par là indiquer les appâts qui lui conviennent;
mais il reste encore beaucoup à faire sur ce sujet; et l'étude
de l'histoire naturelle et l'observation sont les meilleurs
moyens d'acquérir cette connaissance que l'expérience con-
firme ensuite.

Section II.—Des appeaux.

Les appeaux sont plus employés contre les oiseaux que
contre aucune autre espèce d'animal. C'est en général un
instrument au moyen duquel on imite le cri de réclame
d'un oiseau; on s'en sert pour le faire tomber dans les
piéges que l'on lui tend; et, dans un grand nombre de circonstances, il est indispensable d'en faire usage.

Quelques appeaux sont communs à plusieurs oiseaux,
d'autres ne conviennent qu'à une seule espèce. Un chasseur
exercé, sans autre secours que sa bouche et ses doigts,
sait appeler mieux qu'avec les instrumens les plus artiste-
ment disposés. Mais ces moyens naturels ne suffisent pas
dans toutes les occasions; et il n'appartient d'ailleurs qu'à
un oiseleur consommé d'atteindre à ce degré de perfection.

Ce n'est même qu'après une longue pratique, que l'on
parvient à se servir des appeaux avec tout l'avantage dont
ils sont susceptibles; et pour cela il faut que le chasseur
prenne la nature sur le fait, et que, muni de son instru-

ment, il lui fasse rendre les sons les plus imitatifs du cri de l'oiseau qu'il écoute attentivement.

Presque en général, c'est celui de la femelle qu'il convient d'imiter, parce que c'est à son appel que le mâle croit répondre lorsqu'il est dupe de cette ruse; cependant, dans quelques espèces, c'est le cri des mâles qu'il convient de faire rendre à l'appeau. Cette observation s'applique surtout aux espèces polygames, parce que les femelles se rassemblent à la voix des mâles; et ceux-ci accourent aussi pour en disputer la possession. Nous le répétons, étudions la nature et les habitudes de chaque espèce, c'est le meilleur moyen de réussir.

Nous allons faire connaître en détail les différens appeaux.

§. 1. *Appeaux à perdrix.*

1. *Appeau à perdrix grises.* — C'est un petit instrument rond, du diamètre d'un pouce, ordinairement fait en os. Il se compose de deux pièces fig. 1 et 2, pl. XXVII, que l'on réunit par le moyen d'une vis. La pièce ou table, fig. 1, est celle du dessus; elle est convexe, et son épaisseur est moitié moindre que celle du dessous; la fig. 2 représente cette seconde table qui est concave, pour s'accommoder plus aisément à la forme interne des lèvres. Ces deux tables sont percées à leur centre d'un trou rond, pour le passage de l'air; et, lorsqu'elles sont vissées l'une sur l'autre, leur épaisseur est d'environ quatre lignes.

On place cet appeau entre les lèvres, la table concave en dedans; et, en aspirant l'air extérieur, on imite le cri de la femelle, que l'on pourrait comparer au son que rend une scie, lorsque l'on s'en sert.

2. *Appeau à perdrix rouges.* — La fig. 5, pl. XXVII, représente cet appeau vu de face pour en distinguer l'in-

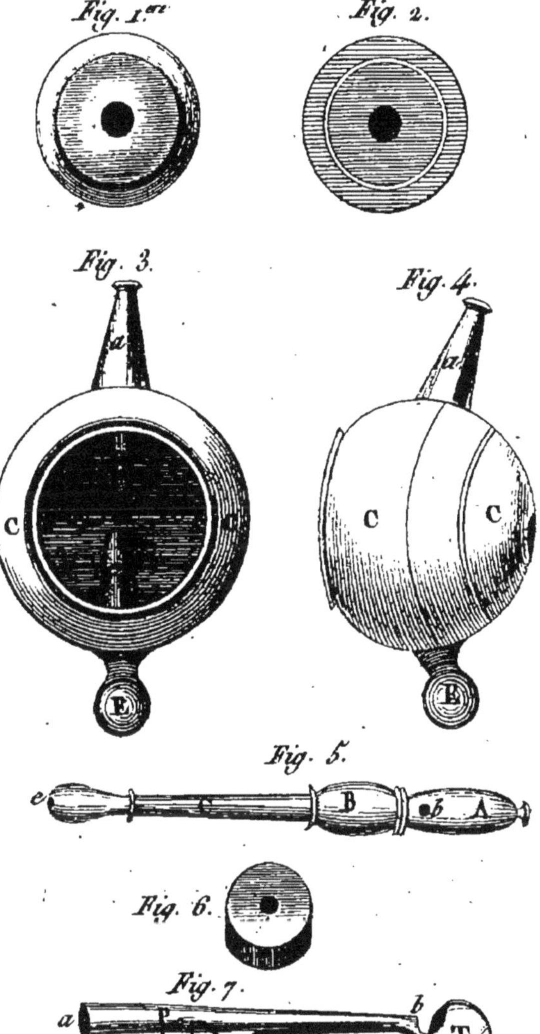

Fig. 1.ere
Fig. 2.
Fig. 3.
Fig. 4.
a
a
c   c
c   c
E
E
Fig. 5.
e   C   B   b   A
Fig. 6.
Fig. 7.
a   P
R.R
T
b

Appeaux.

térieur. Il se compose d'un morceau de buis *c c*, rond extérieurement et creusé en dedans. Sa grosseur est à peu près celle d'une moyenne pomme; un tuyau *a* de même bois pénètre à l'intérieur, où il reçoit un second petit tuyau *b* d'une plume à écrire, coupé à ses deux extrémités, dont l'une donne en face d'un troisième tuyau *e*, creusé jusqu'à moitié de sa longueur et saillant à l'extérieur où il est plein et en forme de bouton E. La fig. 4 représente ce même appeau vu de côté, pour faire connaître sa forme extérieure, et montrer que le tuyau *a* et le bouton E ont leurs extrémités extérieures plus basses que les points par lesquels ils sont reçus dans les trous formés dans le corps de l'appeau, pour leur passage à l'intérieur.

On fait ce même appeau d'une autre manière. Les tuyau *a* et bouton E sont d'un même morceau de buis que le corps de l'appeau *c c*. On y ajoute aussi un bout de tuyau de plume à écrire, et le tuyau *e* est également fait à part et emmanché dans l'intérieur du bouton E, un peu creusé pour le recevoir. Ces deux appeaux ne diffèrent l'un de l'autre que par plus de solidité dans le second.

Pour faire usage de ces appeaux, on met dans la bouche le tuyau *a*, et on souffle l'air intérieurement, en modulant le son, et tâchant de faire rendre le cri de la perdrix rouge femelle, qui semble exprimer à peu près les syllabes suivantes : *cod*, *codec*, *codcod*, *codec*, etc.

§. 2. *Appeaux à alouettes.*

On se servait autrefois très-communément, pour appeler ces oiseaux, d'un noyau de pêche usé des deux côtés sur une meule, percé diamétralement dans son milieu et vidé. Mais, depuis que l'on est parvenu à en confectionner de meilleurs, il n'est plus autant en usage, quoique l'on puisse cependant l'employer avec quelque succès.

Un de ces appeaux est représenté par la fig. 6, pl. XXVII. C'est un petit cylindre en ivoire, ou en cuivre, creux, de six lignes de diamètre et de trois d'épaisseur, ayant assez exactement la forme d'une petite dame à jouer. Les deux tables sont percées diamétralement d'un petit trou rond, par lequel l'air extérieur aspiré, en le plaçant entre les lèvres, pénètre et rend un son imitatif du cri que font entendre les alouettes pour s'appeler les unes les autres. On donne quelquefois à la table du dessous la forme convexe comme dans l'appeau à perdrix grise ; cette conformation n'est pas à dédaigner.

Un autre appeau, dont le son paraît mieux imiter la nature, est celui que représente la fig. 5. Il se fait en ivoire et en os ; sa longueur est de quatre à cinq pouces. Il se compose de trois pièces unies les unes aux autres par des vis. Ces trois pièces sont creuses ; la première A, a son extrémité supérieure terminée par un petit bouton plein ; sa longueur est de quatorze à quinze lignes, et sa grosseur celle d'une plume à écrire ; l'autre extrémité est tournée en vis pour être reçue dans la seconde pièce. Son ouverture est bouchée par un morceau de liége rond, auquel on a coupé environ un quart de cercle, afin de faire un vide pour le passage de l'air. Ce liége se prolonge jusqu'au trou *b*, qui est celui du sifflet, et le côté plat du liége est tourné du côté de ce trou. La seconde pièce B est vissée intérieurement à ses deux extrémités, pour recevoir un des bouts de la première et de la troisième pièce ; son diamètre est un peu plus grand que celui des deux autres pièces, et sa longueur est de neuf lignes environ. La troisième pièce C, longue d'environ deux pouces et demi, et plus mince que la première, a son extrémité supérieure terminée en vis, qui est reçue dans la seconde pièce B, et l'autre extrémité percée au point *c* d'un trou, qui est celui par lequel on souffle.

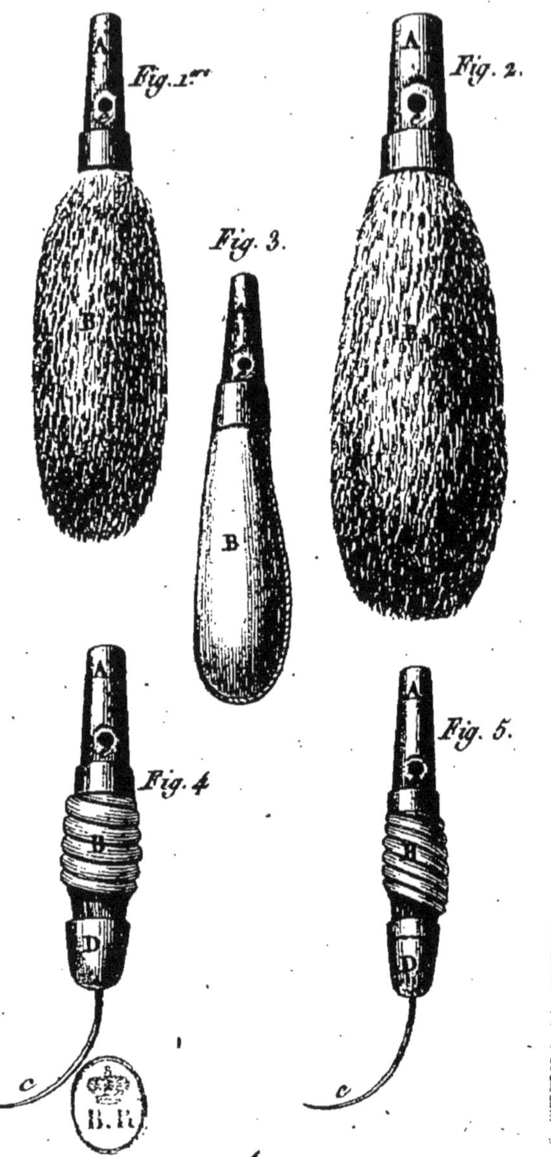

Fig. 1.er
Fig. 2.
Fig. 3.
Fig. 4
Fig. 5.
A
A
A
A
A
B
B
B
C
C
C
C
D
D
c
c
B. R.
Appeaux

Pour se servir de cet appeau, on met entre les lèvres l'extrémité *c*, et on souffle en cadençant le sifflement interrompu de l'alouette.

Les oiseleurs vantent encore un troisième appeau fait de cuivre ou d'argent, et que représente la fig. 7. Il est formé d'un tuyau P long de trois pouces et demi, dont l'ouverture *a* a environ deux lignes de diamètre, et va en se rétrécissant jusqu'à l'autre extrémité *b*, où elle n'a qu'une demi-ligne. Une petite branche plate *i*, soudée le long de ce tuyau, à partir du milieu où elle forme un anneau *s* pour y passer un fil, et descendant vers le petit bout *b*, y embrasse et fixe une petite boule lenticulaire T. Cette petite boule est creuse et de la grosseur d'un fort noyau de bigarreau. En face de *b*, elle est percée d'un trou de deux lignes de diamètre, dont l'ouverture se présente obliquement à l'extrémité *b* du tuyau. On souffle par le bout *a*, et l'air répercuté dans la boule T rend le son que l'on désire.

Le cri naturel aux alouettes se compose de petits sifflemens aigus à intervalles marqués.

§. 3. *Appeaux à cailles.*

On en fait de plusieurs sortes.

Les fig. 1, 2 et 3 représentent l'appeau nommé *courcaillet*. Ces trois appeaux ne diffèrent les uns des autres que par le ton du son qu'ils rendent, ou par la bourse qui les forme.

Ils se composent tous de deux parties : la première A, est le sifflet ; la seconde B, la bourse.

On fait le sifflet avec l'os de la cuisse d'un mouton, que l'on a poli intérieurement et extérieurement. Quelques personnes préfèrent employer l'os de l'aile d'une oie, ou d'un héron, d'autres celui de la cuisse d'un lièvre ou d'un chat ;

mais ces os, que l'on néglige alors de polir intérieurement, ne rendent pas toujours le son d'une manière aussi nette que le premier. La longueur que l'on donne à cet os est d'environ dix-huit lignes à deux pouces ; on en bouche les deux extrémités au moyen de deux morceaux de liége, auxquels on pratique un vide pour le passage de l'air ; à cet effet, on les coupe carrément d'un côté ou en angle. Aux deux tiers de la longueur du sifflet on fait sur le côté un trou rond *c*, dont on amincit les bords. Ce trou *c* se trouve placé entre les morceaux de liége qui bouchent les extrémités de l'os. La justesse du ton de l'appeau dépend entièrement du sifflet ; et nous observerons que plus le liége qui bouche le trou supérieur de l'os laisse de passage à l'air, plus le ton est clair ; ce qui réussit mieux pendant avril, mai et juin : au lieu qu'en fermant davantage ce trou, le ton devient plus nourri, et l'appeau ainsi disposé réussit mieux en juillet et août. On obtient encore de cet appeau des sons beaucoup plus vrais si l'on remplace l'os du sifflet par un tube d'argent disposé de la même manière.

La partie B, nommée la *bourse*, doit faire soufflet, et fournir au sifflet l'air nécessaire pour lui faire rendre le son désiré. Cette bourse est plate, longue d'environ trois à quatre pouces, et large de deux doigts ; elle est remplie de crin frisé semblable à celui qu'emploient les tapissiers ; on l'obtient tel en le faisant bouillir. On a soin de coudre à points serrés la peau qui sert à former cette bourse, pour ne laisser aucun passage à l'air. On couvre les bourses d'une peau unie, comme dans la fig. 3, ou d'une peau de chat ou de lapin, comme dans les fig. 1 et 2. Cette dernière méthode est préférable, car il semble que les sons que rendent les appeaux ainsi disposés, sont plus moelleux que dans ceux dont la bourse est en peau unie. Cette bourse s'attache fortement au sifflet, dont elle embrasse l'extrémité *c*.

Pour faire usage du courcaillet, on le place dans la main gauche de manière que la bourse B soit à plat contre la paume de cette main, on l'y maintient avec le doigt index, tandis qu'avec le dos du pouce de la main droite, on frappe mollement sur ce doigt en cadençant les coups de manière à imiter le cri de la caille femelle.

Les fig. 1 et 3 sont des courcaillets proprement dits, dont la différence consiste seulement dans la peau de la bourse, et la fig. 2 est egalement un courcaillet, mais que l'on distingue par le nom de *réveil à cailles*. Il diffère de la fig. 1 en ce que ses sons sont beaucoup plus forts.

Les fig. 4 et 5 sont des appeaux à cailles qui diffèrent du courcaillet seulement par la bourse, le sifflet étant absolument formé de la même manière. La bourse B est contournée comme la vis d'un pressoir. On lui donne cette forme en se servant d'un mandrin rond, qui entre juste dans la bourse du cuir que l'on a mouillée; on l'entoure ensuite d'une ficelle en formant la spirale, dont les révolutions sont à distances égales et fortement serrées. On a un trou, dans l'établi sur lequel on travaille, qui ne permet que l'entrée nécessaire au mandrin; on y introduit un bout de celui-ci, et on frappe sur l'autre avec un maillet de manière à faire serrer sur elle-même la bourse de cuir ainsi ficelée; on la laisse sécher en cet etat, on ôte la ficelle, et la bourse conserve la forme de la vis d'un pressoir. D'autres, pour que les révolutions ne forment pas la spirale, et soient droites, lient la bourse sur le mandrin avec autant de bouts de ficelle qu'ils veulent faire de plis. Cette méthode est préférable à la première, et la bourse offre alors en petit la forme de ces lanternes de papier qui se ferment sur elles-mêmes de haut en bas. Dans l'un et l'autre cas, la bourse est terminée par un morceau de bois D tourné comme une moitié d'olive. A l'extrémité de ce morceau de bois est un bout de cuir *c* pour faire mouvoir l'appeau.

Pour en faire usage, on le tient par le sifflet A, entre le pouce et l'index de la main gauche ; et, avec le pouce et le premier doigt de la main droite, on tient le petit morceau de cuir *c* à environ deux lignes de l'olive D. Dans cette position, on tire et repousse alternativement la bourse B, ce qui fait rendre à l'appeau le cri de la caille. Cependant, le son que l'on tire du courcaillet nous paraît plus imitatif.

Outre ces appeaux, on en fait encore deux autres dont le mécanisme est absolument semblable au courcaillet dont nous avons parlé plus haut. L'un se nomme *appeau double à cailles,* et l'autre *appeau à canne creusée pour cailles.*

Le premier, fig. 1re, pl. XXIX, se compose de deux appeaux B B semblables à celui fig. 3 de la pl. XXVIII, p. 115, d'une longueur d'environ quatre pouces. Ces deux appeaux sont fixés sur un morceau de bois A long de cinq pouces, épais de neuf lignes, terminé en pointe et creusé sur ses côtés à la profondeur de trois à quatre lignes pour recevoir une portion des appeaux ; trois bandes de cuir *c,* larges de six lignes, fixent ces appeaux sur le morceau de bois, et deux bouts de galon de soie *d* maintiennent dans leur longueur les bourses des appeaux, et sont assujettis sous la seconde et troisième bande de cuir *c.* Ces deux appeaux rendent chacun un son qui diffère de ton, et par conséquent suffisent à toutes les saisons.

Le second se compose des fig. 2, 3 et 4, de la pl. XXIX. La fig. 2 représente la bourse faite de la même manière que celle de l'appeau fig. 1, de la pl. XXVIII. Au lieu d'un sifflet en os, on y adapte un tube en corne contourné, et terminé par une vis au point *a.*

La fig. 3 de la même planche représente le sifflet de

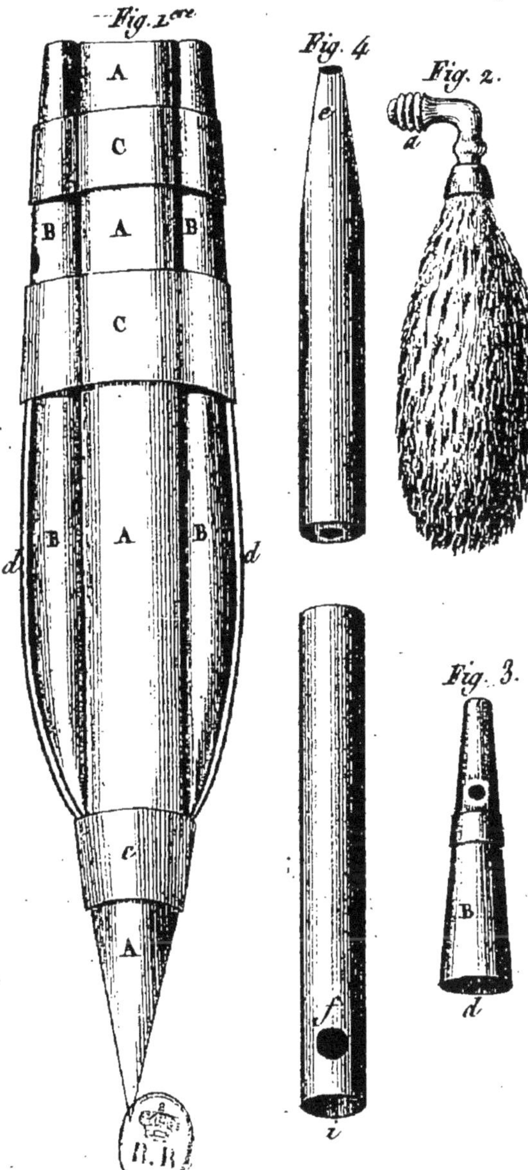

Appeaux.

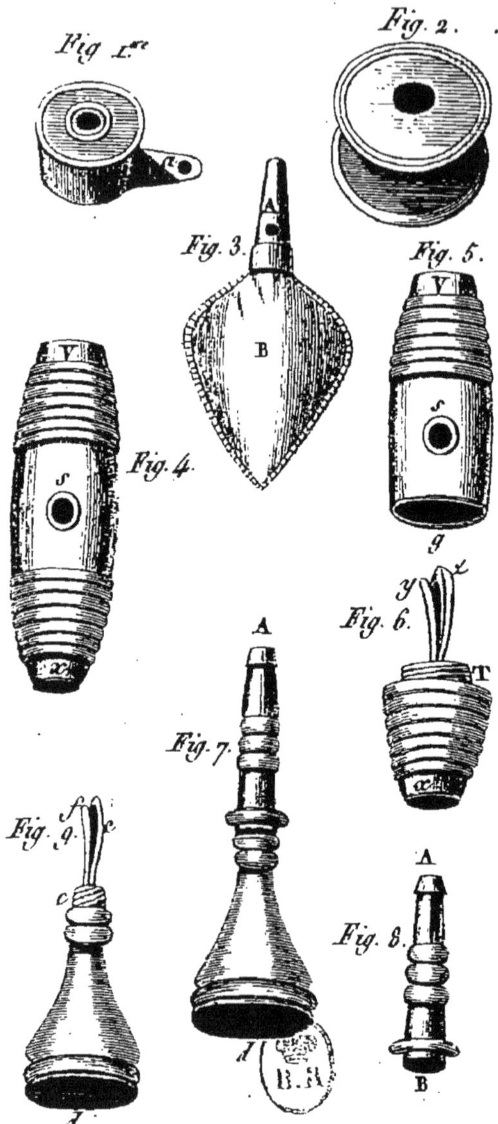

Fig. 1.re
Fig. 2.
Fig. 3.
A
B
Fig. 5.
V
Fig. 4.
V
S
S
g
Fig. 6.
y z
T
x
A
Fig. 7.
Fig. 9.
f c
c
A
Fig. 8.
d
d
B.R.
B
d
Appeaux

l'appeau semblable à celui que nous avons décrit. Il est assujetti à un cône de cuir B, coupé à jour à l'extrémité *d*.

La fig. 4 de la même planche représente les deux extrémités d'une canne creusée dans toute sa longueur, qui est celle d'une canne ordinaire, excepté à l'extrémité *i* qui est pleine. C'est sur cette canne que se monte l'appeau. On visse le bout *a* de la bourse fig. 2, dans le pas de vis *f* de la canne fig. 4, et l'on emmanche l'autre bout *e* de cette canne dans le cône de cuir B, qui tient au sifflet fig. 3. De cette manière on peut, en battant l'appeau, faire, sans se baisser, sortir le son tout près de terre, en inclinant vers elle l'extrémité de la canne à laquelle on a ajusté le sifflet, ou le faire venir d'en haut en élevant cette extrémité au-dessus de sa tête.

Tels sont les différens appeaux avec lesquels on cherche à imiter la caille femelle. C'est un très-grand talent pour l'oiseleur que de bien battre le courcaillet; il lui devra toujours un succès complet. Le cri de la caille, connu de tout le monde, semble rendre les syllabes *tri, tri tri*, avec un intervalle marqué entre la première et les deux dernières.

§. 5. *Appeau à becfigues.*

Les oiseleurs donnent le nom de *becfigue* à plusieurs oiseaux, notamment à tous ceux qui ont un bec fin, et qui sont friands de raisins et de figues; ainsi l'appeau que nous allons décrire convient aux différentes espèces de fauvettes, parmi lesquelles est classée celle appelée vulgairement becfigue.

On en fait de deux sortes.

Celui que représente la fig. 1 de la pl. XXX est un petit cylindre creux de cuivre ou d'argent, dont les deux tables sont percées diamétralement d'un trou rond. La table du dessous est garnie d'une petite queue *a*, percée pour y passer un fil. On le met en usage par le même procédé que l'appeau à alouettes fig. 6, pl. XXVII, p. 112, dont il diffère fort peu.

La fig. 2, même planche, représente un autre appeau à becfigue, dont la matière est l'ivoire. Il est fait sur le même modèle que l'appeau à perdrix grise fig. 1 et 2, pl. XXVII. Seulement, sa dimension est de moitié moindre ; il s'emploie de la même manière que cet appeau.

§. 9. *Appeau à grives.*

L'appeau à grives fig. 3, pl. XXX, se compose, comme le courcaillet, de deux parties ; l'une est le sifflet, et l'autre la bourse.

Le sifflet A se fait, comme dans l'appeau à cailles, d'un os de mouton ou autre animal, mais long d'un pouce, et d'un diamètre plus petit. Ce sifflet est garni intérieurement d'un liége, taillé pour laisser un passage à l'air. Ce liége bouche l'extrémité qui s'adapte à la bourse. Un peu plus haut est un petit trou *i* ; l'autre extrémité est vide, ce qui rend le son très-clair. La bourse B est plate, en peau unie formant le cœur, et pleine de crins frisés. Sa longueur est de deux pouces, et sa largeur d'un pouce et demi.

C'est en frappant cet appeau sur la crosse de son fusil, ou en le pressant à propos dans la main droite, que l'on lui fait rendre le son imitatif du cri de la grive qui semble exprimer trois fois la syllabe *pfistz*.

§. 7. *Appeau à canards.*

La fig. 4 de la pl. XXX représente cet appeau. Il a la forme d'une petite barrique alongée, longue de deux pouces et demi, ayant à ses deux extrémités un diamètre de six à huit lignes, et au milieu un de dix à douze. C'est à ce milieu qu'un des côtés est percé d'un trou rond *s*, garni d'un renflement qui fait mamelon ; il communique à l'intérieur et sert d'embouchure lorsque l'on fait jouer l'appeau. Il se compose de deux pièces fig. 5 et 6, qui se vissent l'une sur l'autre.

La fig. 5 offre la partie supérieure de la barrique ; elle est creuse, son extrémité v est pleine ; elle comprend l'embouchure s, et son extrémité g reçoit la vis T de la seconde partie fig. 6.

La fig. 6 représente la seconde portion de la barrique ; elle est percée d'outre en outre, mais l'ouverture vers l'extrémité x a la même dimension que cette extrémité, et diminue en remontant vers la vis T, où elle n'a plus que trois lignes de diamètre. Cette ouverture est fermée par un morceau de bois blanc z, rond d'un côté et plat de l'autre. La face plate est creusée en gouttière, et recouverte d'une anche de cuivre ou de fer blanc y. Les deux pièces étant vissées l'une sur l'autre au moyen de la vis T, l'anche y se trouve placée sous l'embouchure s. En appliquant les lèvres contre ce trou s, et soufflant fortement en modulant le *can can can* des canards, on fait vibrer l'anche qui permet à l'air de s'engager dans le conduit z, d'où il s'échappe à l'extérieur par l'ouverture x, ce qui rend alors parfaitement le cri de ces oiseaux.

§. 8. *Appeau à coqs de bruyère.*

Cet appeau, représenté par la fig. 7, pl. XXX, a la forme d'une petite trompette. Il se fait ordinairement en corne, et se compose de deux pièces, fig. 8 et 9, qui se vissent l'une sur l'autre. La première pièce, fig. 8 est percée d'outre en outre ; le bout A est d'un diamètre plus petit que l'extrémité B, qui est tournée intérieurement en vis pour recevoir la seconde pièce. Celle-ci, fig. 9, est également percée d'outre en outre, mais l'ouverture s'évase à l'extrémité *d*. L'autre bout est tourné en vis *c*, l'ouverture vers ce point est bouchée par un morceau de cuivre *e*, creusé en gouttière, et recouvert d'une anche *f* également en cuivre. Les pièces étant vissées, l'anche *f* vient se placer dans la première pièce fig. 8. On souffle par le bout A qui sert d'embouchure, et la vibration que l'air imprime à l'anche lui fait rendre les sons du cri éclatant du coq de bruyère.

§. 9. *Appeau à chouette, coucou, tourterelles et pigeons ramiers.*

La fig. 1, pl. XXXI, offre cet appeau. Sa longueur est d'environ quatre pouces. Il se fait en corne, ivoire et différens bois, tels que le buis, l'ébène, et le sainte-lucie. A est le bec du sifflet, qui a environ dix lignes de diamètre. La partie B est creuse, et a la forme et la grosseur d'un œuf d'oie. Elle est percée sur son milieu d'un petit trou rond *i*. En bouchant ce trou, on rend le ton plus grave. Pour imiter le cri du coucou, on souffle une fois le trou étant débouché, et la seconde fois on bouche le trou *i* avec le doigt, et l'on obtient les deux tons dont il se compose.

Quant au roucoulement du ramier et de la tourterelle qui est lent et monotone, on l'obtient en soufflant dans l'appeau en bouchant le trou et modulant les sons avec la langue. Pour la chouette, on l'imite tantôt avec le trou bouché, tantôt en le laissant libre. Cela dépend de l'expression que l'on veut donner à son cri.

Cet appeau en remplace un plus ancien, qui avait à peu près la forme d'une lunette de spectacle ; sa longueur était d'environ quatre pouces. Son extrémité la plus large avait un pouce et demi de diamètre ; l'embouchure du sifflet s'y trouvait. L'extrémité inférieure, ayant neuf lignes environ de diamètre, était fermée, et percée, dans son milieu, d'un petit trou destiné au même service que celui *i* de la fig. 1.

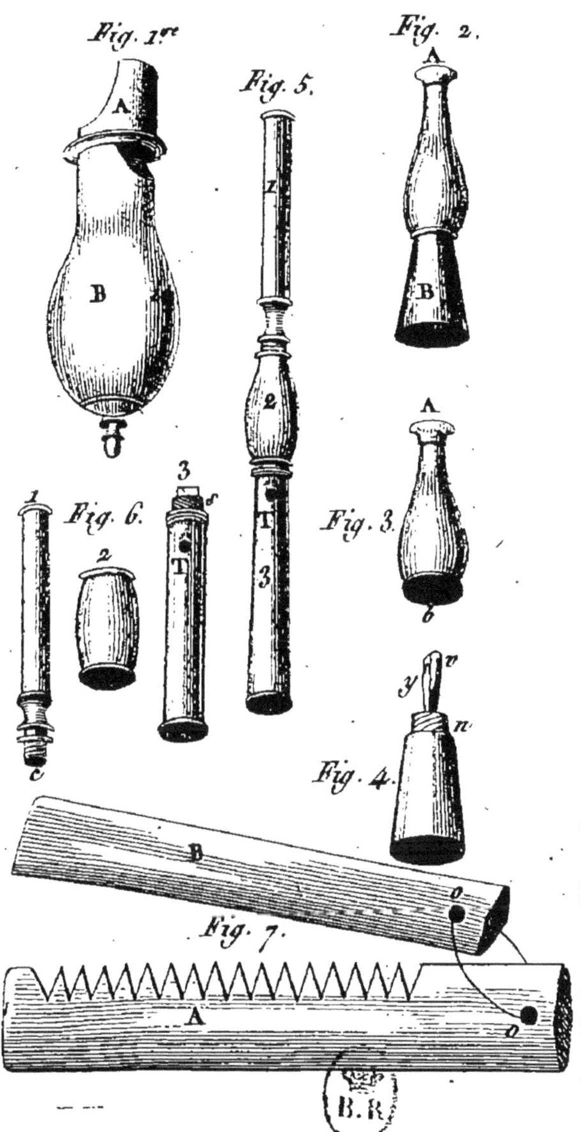

Pl. XXXI.
T.1.er Page 122.
Fig. 1.re
Fig. 5.
Fig. 2.
A
A
B
B
B
Fig. 6.
A
1
3
2
2
Fig. 3.
T
T
T
3
b
c
y v
n
Fig. 4.
B
o
Fig. 7.
A
o
B.R

Appeaux.

§. 10. *Appeau à vanneau.*

Cet appeau, fig. 2, se compose de deux pièces fig. 3 et 4. La fig. 3 est creuse, son extrémité A est l'embouchure, l'autre *b* est contournée en vis intérieurement pour recevoir la vis *u* de la fig. 4.

Cette figure représente la seconde partie B, elle est creuse d'outre en outre; son ouverture va en diminuant vers la vis *u*, où elle est fermée par un morceau de bois *v* taillé en gouttière, et couvert d'une anche *y*, comme dans l'appeau à canard. Les deux pièces étant vissées, l'anche occupe le creux de la fig. 3.

Pour se servir de cet appeau, on souffle par l'embouchure A, et on tâche de lui faire rendre un son semblable à celui que fait un van, ce qui imite le cri du vanneau ainsi nommé par cette ressemblance.

On se sert, dans quelques contrées, d'un appeau composé d'un morceau de bois fendu, long de trois pouces et demi; dans la fente préparée à cet effet, on introduit une feuille de lierre ou de laurier. Cet appeau réussit également contre les pluviers.

§. 11. *Appeau à petits oiseaux ou à ramage.*

Cet appeau, fig. 5, se compose de trois pièces représentées à part fig. 6, sous les n° 1, 2, 3.

La pièce n° 1 est percée de part en part; son bout supérieur sert d'embouchure, l'autre bout *c* est tourné en vis; sa longueur est d'un pouce et demi, et sa grosseur celle d'une petite plume à écrire. La pièce n° 2 est creuse, ses deux extrémités sont tournées en vis intérieurement; sa longueur est de neuf lignes environ, et son diamètre de quatre lignes.

La pièce n° 3 a son extrémité supérieure *s* bouchée par

un morceau de liége coupé carrément en-dessus, et qui déborde la vis *s* d'environ une ligne et demie. Au-dessous est un trou de sifflet T, jusqu'au bord duquel vient le morceau de liége; le reste de la pièce est creux; sa longueur est d'un pouce et demi, et sa grosseur à peu près double de celle n° 1.

Les trois pièces étant vissées comme l'indique la fig. 5, la longueur de l'appeau est d'environ trois pouces et demi. C'est avec le secours de cet instrument qu'un oiseleur exercé appelle la plupart des petits oiseaux dont il imite les différens ramages. Il sait lui faire rendre leurs cris particuliers; et, dans d'autres circonstances, telle que la pipée, il les entremêle avec art et fait entendre à la fois leurs ramages réunis, auxquels il donne l'expression ou de la crainte, ou de la fureur, selon que les oiseaux ont besoin d'être plus ou moins excités.

§. 12. *Appeau à râle de genêt.*

Cet appeau, fig. 7, se compose de deux os. On prend ordinairement pour cet usage deux côtes plates du bœuf ou de la vache. L'une A est dentelée comme une scie d'un côté, elle est large de quinze lignes, et longue de sept pouces; l'autre B est lisse, large d'un pouce, et longue de six pouces. Ces deux os sont percés, à une de leurs extrémités, d'un trou *o o*, par lequel on passe une ficelle pour les attacher l'un à l'autre. Pour se servir de cet appeau, on frotte la partie B sur la scie de la côte A, ce qui imite un léger craquement que l'on répète trois fois très-vîte, et l'on recommence de la même manière après une pause. Il faut observer qu'en frottant la côte B sur celle A, en la tenant droite, le son est beaucoup plus fort, et que plus on l'oblique, plus il diminue.

Fig. 1.ᵉʳ

Fig. 2.

Fig. 3.

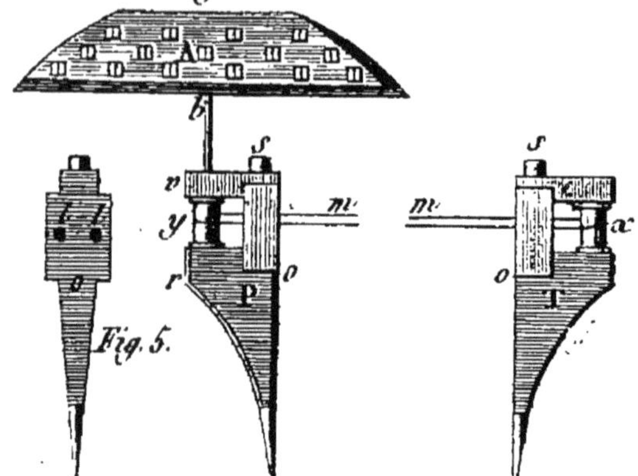

Fig. 5.

Fig. 4.

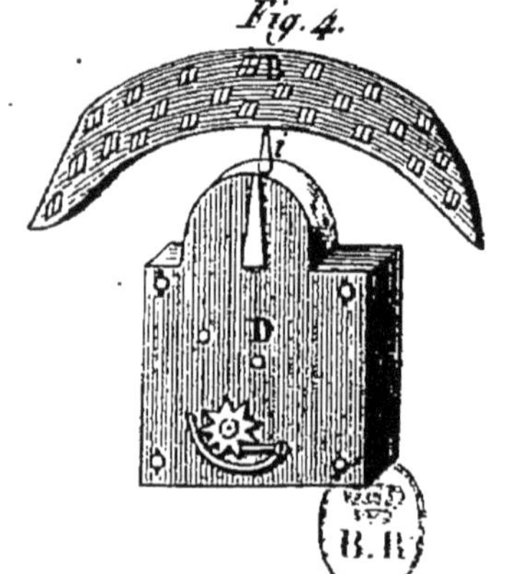

Appeaux et Miroirs à Alouettes.

§. 13. *Appeau à pluviers.*

La fig. 1, pl. XXXII, est celle d'un appeau à pluviers. Il se fait avec l'os de la cuisse d'un mouton. Sa longueur est de deux pouces et demi à trois pouces. Sa partie supérieure *a* forme le bec du sifflet. Dans sa longueur sont deux trous ronds *b*, *c*; celui *c* est bouché avec de la cire. Si le son est trop grave, on y porte remède en faisant, avec une épingle, un petit trou dans cette cire. L'autre trou *b* est destiné à s'ouvrir et se fermer avec le doigt, suivant le son que l'on veut rendre. L'extrémité *a* est entiérement bouchée au moyen d'un morceau de liége.

On se sert de cet appeau en mettant dans la bouche le bec du sifflet, et bouchant et débouchant alternativement le trou *b* de manière à imiter les syllabes *hui, hieu, huit*, qui rendent à peu près le cri de réclame du pluvier.

Au reste, ces oiseaux, vivant assez généralement en société avec les vanneaux dont ils ont à peu près les habitudes, répondent également à l'appeau pour ces oiseaux. Voyez *Appeau à vanneau*.

§. 14. *Appeau à bécasse.*

Malgré que cet oiseau soit muet pendant une grande partie de l'année, on n'en a pas moins fait un appeau pour imiter son cri pendant la saison de ses amours, et l'époque de l'éducation de ses petits, seul temps où il fait entendre sa voix.

Cet appeau, fig. 2, pl. XXXII, est fait en corne et en forme de sifflet; son extrémité *b* est d'un diamètre moitié moindre que celui de l'extrémité *a*, fait en bec de sifflet, et qui a un demi-pouce. Sa longueur est de vingt-sept à trente lignes.

§. 15. *Des appeaux pour la pipée.*

On distingue à la pipée deux sortes générales de sons à rendre : par les uns, on imite le cri de la chouette; et par les autres, ceux des différens oiseaux qui viennent à la pipée.

Rendre le cri de la chouette est ce qu'on doit entendre par *piper*, dans la stricte acception de ce mot, que l'on étend, par rapport à cette chasse, à tous les sons que l'on emploie pour la faire réussir.

Imiter le cri des autres oiseaux, ou leur vol, ou enfin rendre des sons, purement d'invention, mais capables de fixer leur attention, s'exprime par le mot *frouer*.

Nous nous servirons donc, dans le premier cas, du mot *piper*, et, dans le second, de *frouer*.

Il résulte de cette distinction deux sortes d'appeaux que nous allons faire connaître.

Des appeaux à piper. — L'herbe à piper, qui n'est autre chose qu'une feuille de chiendent, est de tous les appeaux celui qui, placé entre les lèvres d'un pipeur habile, imite le mieux la chouette; mais une longue pratique est nécessaire pour s'en servir avec avantage. Pour piper avec cette feuille, on la place entre les lèvres qui ne doivent point la serrer, et de manière qu'elle ne touche pas aux dents. On la maintient dans cette position avec le pouce et l'index d'une main. La langue ensuite, en se baissant et s'élevant contre le palais, sert à modifier l'air que le pipeur pousse contre la feuille, et ces modulations lui font rendre le cri lent et plaintif de la chouette.

Le chiendent le plus propre à cet usage est celui qui croît dans les bois couverts et frais, dont les feuilles sont minces, à côte petite, et couvertes d'un duvet presque nul.

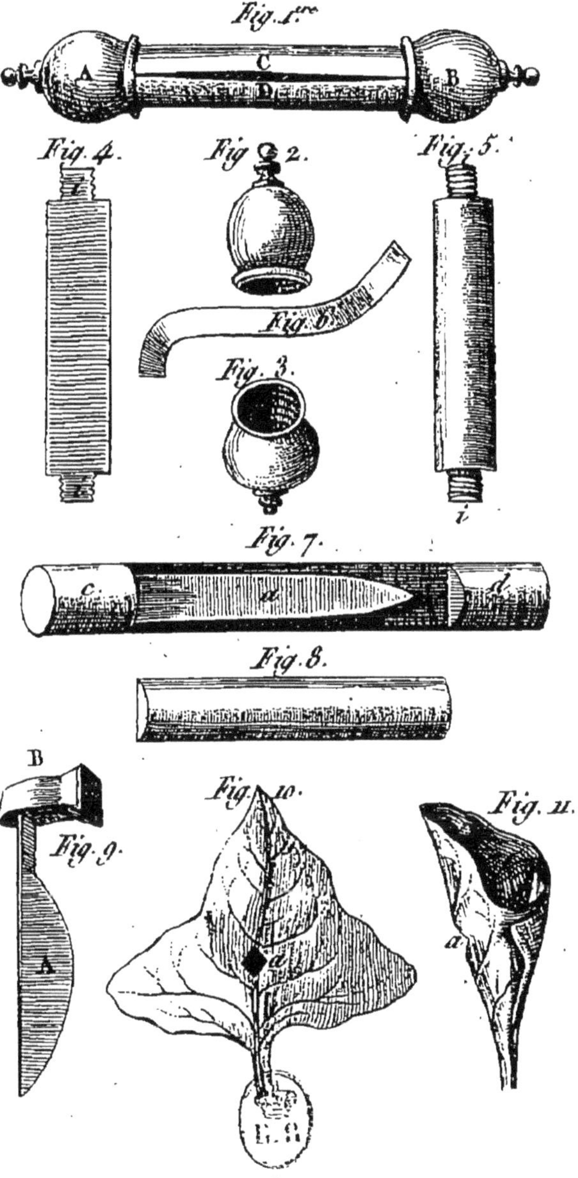
Fig. 1.re
A   C   B
D
Fig. 4.   Fig. 2.   Fig. 5.
Fig. 6.
Fig. 3.
i
Fig. 7.
c   a   d
Fig. 8.
B
Fig. 9.
Fig. 10.
Fig. 11.
A   a   a
Appeaua.

On prend les feuilles qui tiennent au milieu de la tige, celles du bas étant trop dures, et celles du haut si tendres, qu'elles se rompent au premier son que l'on en tire.

Ce chiendent, que l'on ne trouve jamais dans les endroit secs et pierreux, peut être remplacé par une autre espèce dont le duvet est plus sensible; mais il faut avoir le soin de faire macérer les feuilles, environ trois heures avant de s'en servir, entre quatre feuilles de papier gris, imbibées de vinaigre légèrement alongé d'eau. Cette préparation amortit le duvet de la feuille qui porterait obstacle au contact de l'air, et, en la rendant plus lisse, lui fait rendre des sons aussi justes que l'herbe à piper. Outre cet avantage, elle empêche ce chiendent de faire saigner les lèvres; ce qui a lieu quand on l'emploie dans son état naturel. Ces feuilles, ainsi disposées, sont renfermées dans une boîte, ordinairement en fer blanc, dont on ne les sort que pour s'en servir, autrement elles se durciraient en séchant, et ne vaudraient plus rien.

La difficulté de piper avec cette herbe, que peu de personnes savent employer utilement, nous engage à décrire quelques appeaux à languettes qui servent à la remplacer.

La fig. 1 de la pl. XXXIII représente un de ces appeaux en bois que l'on peut appeler *appeau à chouette*. Il se compose de quatre pièces A, B, C, D.

Les pièces A, B sont deux espèces de têtes creusées en dedans, ainsi que l'indique la fig. 3. Leur forme est ronde, de la grosseur d'une bille d'enfant. Elles sont creusées, à la profondeur de trois lignes, d'un trou du diamètre de trois lignes, tourné en vis intérieurement. Les fig. 2 et 3 en indiquent suffisamment la forme.

Les pièces C, D sont deux moitiés d'un morceau de bois rond, long de deux pouces et demi, et du diamètre de cinq lignes; le centre de ces deux pièces est évidé de manière à laisser entre elles un intervalle de l'épaisseur d'une lame de couteau, ce qui se voit fig. 1 par la fente qui se trouve entre C, D. La fig. 4 représente une de ces pièces vue intérieurement, et la fig. 5 la même pièce vue à l'extérieur. Elles sont toutes deux terminées en vis, comme on le voit en *i i*, fig. 4 et 5. Ces vis sont proportionnées à l'ouverture des têtes, fig. 2 et 3, qui servent à les réunir.

Avant de rassembler les quatre pièces, comme on le voit fig. 1, on place entre elles deux un bout de faveur, fig. 6, et on visse ensuite les pièces A et B qui fixent le bout de ruban qui se trouve pincé entre les extrémités *i i* des pièces C, D. Dans cet état, cet appeau peut servir. Pour cela, on le place entre les lèvres; et, poussant l'air en le modulant avec la langue, on fait vibrer le bout de faveur, et l'on imite le cri de la chouette.

Il faut observer que l'ouverture qui se trouve entre C D, fig. 1, doit avoir un côté plus fermé que l'autre, et que c'est le côté le plus serré qu'il faut appliquer entre les lèvres pour y souffler.

On fait cette espèce d'appeau en buis, ébène et bois de rose.

La fig. 7 représente un appeau d'un mécanisme à peu près semblable, et qui est un véritable appeau à languette; la faveur y est remplacée par une languette *a* détachée de l'épaiseur du bois. Préalablement on a entaillé le morceau de bois rond, dont la longueur et le diamètre sont les mêmes que pour l'appeau fig. 1, comme l'indique la fig. 7. Ensuite, sur l'épaiseur de la portion entaillée, on lève adroitement la languette *a* que l'on amincit avec un morceau de verre. On taille enfin une pièce, comme celle fig. 8, qui puisse entrer dans l'entaille *c d* de la fig. 7, dont les extrémités, coupées obliquement, la maintiennent, bien qu'on puisse encore la fixer, en la liant aux deux extrémités avec un fil.

Cette pièce, fig. 8, est également évidée à sa face intérieure, pour laisser assez de jeu à la vibration de la languette *a*. On se sert de cet appeau comme du précédent.

Quelques oiseleurs remplacent, dans l'appeau, fig. 1, la
faveur qui sert de languette, par une pellicule enlevée sur
l'écorce du cerisier, et maintenue de la même manière;
d'autres y placent une feuille de chiendent à piper. Ces deux
moyens sont également bons. On peut aisément, d'après ces
données, confectionner un appeau à chouette.

L'appeau que nous avons décrit précédemment sous
le nom d'*appeau à coucou*, et qui est représenté fig. 1
de la pl. XXXI, peut également servir à l'imitation de la
chouette.

Ces appeaux remplacent le pipeau d'autrefois, que l'on
formait d'un morceau de bois entaillé, dans lequel on pla-
çait un petit ruban de soie qui s'y trouvait assujetti par
un autre petit morceau de bois taillé pour entrer exactement dans l'entaille; et celui, vulgairement appelé *pratique*, composé d'une petite plaque de fer blanc, recourbée à ses deux extrémités sur une autre petite plaque également de fer blanc; entre ces deux plaques était assujettie
une faveur destinée à rendre le son désiré : cet appeau est
encore estimé.

Quelques pipeurs emploient quelquefois pour piper une
lame de couteau, avec laquelle ils imitent parfaitement
le couchement de la chouette en la plaçant entre leurs
lèvres. On peut se servir, dans ce cas, d'un instrument,
représenté fig. 9. Le manche A est garni d'une lame d'a-
cier, propre à cet usage; et la tête B forme un petit marteau dont on se sert pour appeler les pics. Quand on
entend ces oiseaux venir, en frappant les arbres de leur
bec, on leur répond en se servant de ce petit marteau, et

on les voit souvent se prendre aux gluaux, en cherchant à s'approcher.

2. *Des appeaux à frouer.* — Les appeaux avec lesquels on froue doivent imiter les différens cris des geais, merles, grives, etc., lorsque ces oiseaux, pleins du désir de se venger, menacent leur ennemi, réclament du secours, et s'enhardissent les uns et les autres à l'attaquer. C'est donc ces différens sentimens qu'il faut rendre par les sons de l'appeau, et l'on conçoit qu'il faut avoir assisté à plus d'une pipée pour y réussir convenablement.

Il n'est cependant pas si difficile de frouer que de piper; et l'instrument le plus favorable est une feuille de lierre. Sa préparation consiste à la percer, sur la côte du milieu, d'un trou assez grand pour y passer un grain de chenevis. Le pipeur plie la feuille de lierre en quatre, et enlève le petit coin avec ses dents. D'autres se servent d'un emporte-pièce carré. Ce trou doit être placé à un tiers de la longueur de la feuille du côté de la queue. On voit cette feuille ainsi disposée représentée fig. 10, pl. XXXIII; on voit en *a* le trou que l'on y fait. Pour s'en servir, on la roule de manière qu'elle forme un cône dont la queue soit la pointe, fig. 11; *a* indique la place qu'occupe le trou. Ainsi roulée, on la tient entre les trois premiers doigts d'une main qui présente la pointe de ce cône à la bouche; et c'est à l'aide des coups de langue que l'on rend les sons que la circonstance exige.

On fait aussi en argent un petit instrument à frouer qui imite la forme de la feuille de lierre roulée en cône, et qui, également percée d'un trou au même endroit qu'on le voit en *a*, fig. 11, est d'un service assez avantageux. Il faut que la feuille d'argent employée à cet usage soit très-mince.

On se sert encore, pour frouer, de l'appeau d'ivoire,

fig. 5, pl. XXXI, page 122, que nous avons décrit sous le nom d'appeau à ramage ou à petits oiseaux. C'est principalement en se servant de cet appeau que l'on imite les cris des petits oiseaux qui viennent à la pipée, entre autres de la mésange, et surtout le charivari que forment tous leurs cris réunis.

SECTION III.—DES APPELANS.

On doit entendre par appelant proprement dit, tout oiseau captif dont la voix appelle ceux de son espèce qu'il voit dans les airs, et les invite à s'approcher, ce qui les fait donner dans le piége que l'oiseleur a disposé à proximité de l'appelant.

Ainsi les cailles et perdrix mâles se précipitent dans le hallier derrière lequel on a placé une femelle de leur espèce, à laquelle on donne, dans ce cas, le nom de chanterelle. *Voyez* les articles *Caille* et *Perdrix.*

Pour la chasse aux miroirs, il faut également pour appelans des alouettes, becfigues et ortolans, pour faire donner ces oiseaux dans le piége. *Voyez* l'art. *Alouette.*

Les espèces qui rendent les meilleurs services comme appelans, sont les bruans, pinsons, chardonnerets, linottes, verdiers, cabarets, tarins, friquets et moineaux. C'est dans les mois de septembre et octobre qu'on les prend en quantité avec les nappes : c'est alors aussi qu'il faut choisir, parmi les prisonniers que l'on vient de faire, les jeunes de l'année que l'on trouve les plus forts et les plus beaux. Les oiseaux pris dans le nid et élevés à la brochette ne valent rien pour cet emploi.

9.*

Après que le choix est fait, on place ces oiseaux dans l'égrainoir, cage de bois à claire voie, de deux pieds de longueur, sur un de largeur, et cinq pouces de hauteur, et séparée en deux compartimens égaux. *Voyez* la fig. 1, pl. XXXIV, et la description de cette cage au chap. VI.

On met dans cet égrainoir du chenevis écrasé que tous les oiseaux désignés plus haut mangent aisément; on leur donne à boire, et on couvre la cage avec une toile claire, pour que les appelans n'aient qu'un demi-jour; car autrement ils se tourmenteraient jusqu'à se tuer.

De retour chez soi, on place l'égrainoir un peu au jour; on y laisse les oiseaux environ deux semaines, pour les habituer à manger de la graine, ce que l'on appelle les *égrainer*, et on a soin de les découvrir progressivement jusqu'à ce qu'il n'y ait plus de toile sur eux. On prépare ensuite pour chacun une petite cage en bois et à claire voie, de six pouces carrés, à laquelle on donne le nom de *cage d'appelant. Voyez* la fig. 3, pl. XXXIV. On met, dans les cages de ceux qui mangent du chenevis, de cette graine sans être écrasée, et, dans les cages de ceux qui se nourrissent de millet et de navette, du chenevis écrasé mêlé avec ces deux espèces de graines, en ayant soin chaque jour de diminuer la quantité de chenevis pour les accoutumer à ne manger que de la petite graine. On place ces cages dans un endroit solitaire; on a soin de donner chaque jour à boire et à manger aux appelans, autant que possible à la même heure, et l'on choisit principalement celle de deux heures après midi.

On les garde ainsi pendant tout l'hiver; au mois de mars, on les examine avec attention pour reconnoître les bons d'avec les mauvais.

Il y a des oiseaux qui ne chantent jamais; il en est qui se tuent dans leur cage, et d'autres qui sont très-sales; il faut toujours préférer ceux qui sont gais et chantent bien, et qui, outre ces deux qualités, sont doux et propres.

Pour pouvoir faire un choix convenable, il faut mettre en cage quatre fois autant d'appelans que l'on en veut conserver.

Lorsque l'on reconnaît qu'un oiseau choisi, comme nous l'avons dit, ne fait pas le service que l'on en attend, il faut cependant, avant de le réformer, l'avoir porté plusieurs fois à la chasse, parce qu'il pourrait se faire qu'il ne chantât pas, faute d'avoir vu passer en l'air un oiseau de son espèce. Mais, si l'on en a remarqué, et qu'il ait gardé le silence, on peut sans crainte le réformer, parce qu'on a alors la certitude qu'il ne vaut rien.

Ces appelans, dont on se sert au mois d'avril, chantent encore jusqu'en juillet; mais, au mois d'août, ils tombent en mue, et ne chantent point du tout en septembre, octobre, novembre et décembre, époques où ils sont de la plus grande utilité.

Pour remédier à cet inconvénient, il faut accélérer la mue chez les appelans et la faire passer; ce que l'on nomme, en termes d'oiseleurs, *faire passer la mue forcée aux appelans.* Nous allons indiquer le procédé à suivre dans cette occasion.

On garde les appelans qui ont servi aux chasses du printemps, et on les laisse chanter à volonté jusqu'à la fin de mai, en leur donnant tous les jours de la verdure à manger, tel que du mouron, de la chicorée, des feuilles de salade, etc.

Au mois de juin, on prépare un cabinet pour placer les appelans. Ce cabinet est disposé de manière à ce qu'on puisse leur cacher le jour quand on veut. On choisit l'époque du premier quartier de la lune de juin pour mettre les appelans dans l'endroit que l'on leur a destiné. On

commence par diminuer un peu la clarté, et ainsi progressivement de jour en jour jusqu'au huitième, où on les
laisse entièrement dans l'obscurité; le soir, on leur donne
à boire et à manger avec une lumière. Il faut bien faire
attention de ne pas leur laisser voir le jour pendant tout
le temps qu'on les laisse dans le *trou*, nom que donnent
les oiseleurs à ce cabinet noir, autrement on les exposerait
à faire fausse mue.

On sait que la mue est une révolution qui a lieu tous les
ans chez les oiseaux, à une époque régulière, pour le re-
nouvellement de tout ou partie de leurs plumes. Pour aider
la croissance des nouvelles plumes, il faut, avant de mettre
les appelans dans le trou, leur arracher celles de la queue,
et six des plus fortes des ailes, mais il faut le faire sans qu'ils
saignent, et on y parvient, en arrachant les plumes, en les
tordant. Cette opération facilite et accélère la croissance des
grosses plumes, qui est toujours la plus longue et la plus
fatigante pour l'oiseau; quant aux petites, elles se renou-
vellent à mesure que les grandes poussent.

Deux mois suffisent pour que la mue soit achevée;
cependant il faut laisser les appelans dans leur retraite
depuis le commencement de juin jusqu'à la mi-septembre.
Pendant tout ce temps, on leur donne, tous les huit jours,
du mouron et une heure de lumière avec une chandelle.
Il faut apporter le plus grand soin dans la propreté et le
choix de la graine qui doit être la meilleure possible. Il
faut aussi les nettoyer tous les jours en leur donnant à
boire et à manger. L'eau surtout doit être exactement re-
nouvelée et bien fraîche.

Les trois mois expirés, on rend les appelans à la lumière,
dans la même progression que l'on a mise à la leur ôter.
Ensuite on leur donne de l'air tous les jours en ouvrant la
fenêtre pendant une heure; on leur donne en abondance

du mouron ; et si l'on éprouve de la difficulté à s'en procurer, attendu qu'il est rare à cette époque, on le remplace par les feuilles les plus jaunes de chicorée.

La première fois qu'on les porte à la chasse, il faut choisir un temps beau et doux, pour qu'ils ne soient pas mouillés, parce qu'ils n'ont pas encore toutes leurs forces ; mais ensuite ni la pluie ni les gelées ne les empêchent de chanter. Cette méthode réussit toujours complétement ; et les pinsons même, les plus difficiles à faire chanter en cage, ne manquent pas, pendant tout l'hiver, de faire entendre continuellement leur chant.

On porte les appelans à la chasse dans les cages qu'ils habitent continuellement. On ne doit jamais les tourmenter ni les déranger de place que pour s'en servir, et, au retour de la chasse, on les replace au même endroit. Plus le lieu où on les met est caché et tranquille, plus ils s'y plaisent ; et, dès qu'ils sont à l'air, ils chantent à gorge déployée.

Section IV.—Des perchans.

Les perchans sont des oiseaux, qui, pris au filet et égrainés de la même manière que les appelans, sont attachés par un corset à une baguette que l'on nomme *sanglot*, qui, se levant à la volonté du chasseur, les oblige à agiter leurs ailes. Ces mouvemens invitent les oiseaux qui volent en liberté autour d'eux, à venir se poser, croyant voir de leurs camarades occupés à chercher leur nourriture. Les perchans diffèrent donc des appelans, en ce que ces derniers attirent les oiseaux par leur chant ou leur appel qu'ils font entendre de la cage qu'ils habitent, et que l'on place à proximité d'une tendue quelconque ; tandis que les premiers, placés à l'extrémité d'une baguette, y paraissent en liberté, et enhardissent, par leurs ébats et leurs mouvemens, les oiseaux de même espèce à venir se jouer autour d'eux. Presque tous les anciens auteurs qui ont écrit sur la chasse ont donné le nom de *moquette* à ceux que nous appelons *perchans*.

On n'emploie guère les perchans que dans les chasses aux filets, et on les place entre les nappes. *Voyez* en I, K, fig. 8, pl. X, p. 39. On leur passe autour du corps une bricole que les oiseleurs appellent *corset*, et qui permet un libre mouvement aux ailes. Ce corset s'attache par un nœud à la boucle de ficelle qui se trouve au bout du sanglot.

Ce sanglot remplace la verge de meute ou paumille des anciens. C'est une petite baguette de deux pieds environ de longueur, un peu élastique. Elle est représentée fig. 4, pl. XXXIV. Son extrémité supérieure A est garnie d'une petite douille en cuivre terminée par un anneau qui tourne à volonté. Une boucle de ficelle, longue d'environ deux pouces, est passée dans cet anneau. L'autre extrémité B du sanglot est garni d'une ficelle ayant deux piquets *c c* qui servent à assujettir le sanglot contre terre. On l'y place à plat, et on enfonce les piquets qui l'y maintiennent. Sous la partie A on place ou une touffe de gazon ou une motte de terre pour y poser l'oiseau que l'on attache à la boucle de ficelle par le moyen du corset. Au point *d* est liée une lignette qui se prolonge jusqu'à l'endroit où est le chasseur; et, lorsque celui-ci veut faire mouvoir son perchant, il tire à lui la lignette, qui, forçant le bout du sanglot à se lever, fait perdre terre à l'oiseau qui agite aussitôt ses ailes.

Comme il est essentiel que les perchans soient beaux et conservent toutes leurs plumes, après les avoir habitués progressivement à la nourriture que l'on veut leur donner, on les sépare, en les plaçant un à un dans une cage plus grande que celle des appelans.

On remplace quelquefois les perchans par des moquettes artificielles, qui se composent ou d'oiseaux empaillés ou seulement de deux ailes. On fixe cette moquette à l'extrémité du sanglot, et on l'agite suivant l'occasion ; mais nous observerons que le succès n'est jamais aussi certain qu'avec les oiseaux vivans.

Vers l'arrière-saison, les oiseaux, plus méfians, ne viennent plus aussi bien à l'aspect des perchans. Pour vaincre l'inquiétude que la quantité de piéges, que l'on leur a tendus, leur inspire, on dispose les perchans différemment, et ils prennent alors le nom de *coureurs*.

On attache l'oiseau par son corset à une ficelle, longue de deux pieds, assujettie au moyen d'un piquet planté entre les nappes : on met à sa portée ce qui lui est nécessaire pour boire et manger. De cette manière, l'oiseau peut se promener, et paraît être, aux autres, tout-à-fait en liberté ; aussi, ils ne manquent point d'accourir près de lui pour prendre leur part de sa nourriture, et sont bientôt enveloppés sous les filets.

Section V.—Des miroirs à alouettes.

Le miroir, le plus généralement en usage, se compose d'un morceau de bois (ordinairement du poirier), de neuf à dix pouces de longueur sur deux pouces ou deux pouces et demi de hauteur, et un pouce et demi à deux pouces d'épaisseur à sa base. Les grands côtés sont taillés en biseau pour former deux grands plans inclinés, mais qui ne doivent pas être terminés en vive arête. Dans d'autres, au lieu seulement des deux grands plans inclinés, les côtés sont taillés de manière à en former chacun deux ou trois plus étroits. Les deux extrémités sont également taillées en biseau, et forment des plans uniformes à ceux des grands côtés. Ce morceau de bois est quelquefois droit, comme celui A de la fig. 3, pl. XXXII, p. 125; quelquefois il est courbe en dessous, comme celui B de la fig. 4, même planche ; et cette forme nous paraît préférable, parce qu'alors le miroir, mis en mouvement, imite beaucoup mieux un globe lumineux.

Chacun de ces plans est incrusté de petits morceaux de glace ordinairement carrés, mastiqués dans des entailles avec un mastic composé de trois parties de poix noire sur quatre de ciment rouge tamisé, le tout fondu ensemble. Ce mastic doit être employé chaud ; il faut qu'il ne soit ni trop cassant, ni trop ductile. On peint ensuite le miroir en rouge brun, et l'on mélange la couleur seulement avec la colle, ayant soin de ne pas ternir les morceaux de glace. Au milieu du dessous de ce miroir est pratiqué un trou carré de la profondeur d'un demi-pouce et d'une dimension proportionnée à celle de l'extrémité d'une broche en fer *b*, fig. 3, également carrée, qu'il est destiné à recevoir; laquelle broche fait mouvoir le miroir, ainsi qu'on le verra plus loin. La bonté d'un miroir dépend des morceaux de glace qui y sont incrustés. Pour qu'il réussisse, il faut employer des glaces d'Allemagne convexes. Cette forme rend plus vive la réflexion des rayons du soleil, au lieu que, plates, leur éclat est vacillant et faible.

Comme pour la chasse au fusil il importe de ne pas être occupé à faire tourner le miroir, on a une mécanique semblable à celle d'un tourne-broche; elle est renfermée dans une boîte en tôle D fig. 4, et se monte avec une clef comme une pendule. La partie supérieure de cette boîte est surmontée d'une broche en fer *i*, qui la dépasse

d'un pouce ; cette broche, de la grosseur d'une forte plume
à écrire, est carrée à son extrémité supérieure, ronde au
centre, et contournée à sa partie inférieure comme une
vis. Les dents d'un des rouages auquel le mouvement est
communiqué par l'ensemble de la machine, en portant sur
les crans de la vis, font tourner la broche en fer. On engage l'extrémité carrée de cette broche dans le trou pratiqué à la base du miroir qui reçoit d'elle l'impulsion circulaire que l'on désire. Cette mécanique, une fois montée,
peut faire tourner le miroir pendant une heure et demie
sans que l'on soit obligé d'y toucher ; après ce temps,
on la remonte de nouveau. Il faut observer ici que le
miroir que l'on emploie avec cette machine, doit avoir un
long morceau de glace qui couvre l'arête ; la réflexion
que produit cette glace engage les alouettes à planer au-
dessus de la machine, et c'est l'instant que le chasseur
choisit pour tirer le coup de fusil. Quant au miroir employé avec les nappes, l'arête doit en être dépourvue,
parce que les alouettes sont obligées de s'approcher davantage, et de manière à être enveloppées sous les filets.

Il existe encore une autre espèce de miroir que l'on
nomme le *miroir anglais*. C'est un plateau horizontal
monté sur un demi-cercle en fer, soutenu dans son milieu
par une branche également en fer, et dont le bout est rivé
sur le demi-cercle. Ce plateau, garni de clous d'acier, est
balancé de bas en haut par une corde qui y est attachée,
et qui descend vers la terre, où elle passe dans un piquet
percé d'un trou ou garni d'un anneau, et va se prolonger
jusqu'à l'endroit où est le chasseur. Ce miroir, dont le
mouvement est trop lent pour que les alouettes aient besoin de s'en approcher beaucoup pour s'y mirer, ne peut
convenir à la chasse avec les nappes. Il ne pourrait être

employé que pour la chasse au fusil ; encore ne paraît-il pas avoir dans notre pays un succès bien complet.

La mécanique de la fig. 4, dont nous venons de parler, pourrait être employée à faire mouvoir le miroir pour la chasse aux alouettes avec les nappes, en ayant soin de garantir le miroir par un fil de fer qui, ployé en arc et ayant ses deux bouts piqués en terre, empêche le filet de porter sur le miroir en s'abattant ; ce qui l'arrêterait et dérangerait le ressort. Mais alors il se présente deux inconvéniens : le premier, c'est que, le miroir ayant toujours un mouvement régulier, on ne peut obtenir la vitesse nécessaire dans de certains cas ; car, avec les nappes, il faut faire tourner vivement quand l'alouette est élevée, et diminuer peu à peu à mesure qu'elle descend ; et le second, c'est que le miroir, tournant toujours après que le filet est abattu, peut attirer d'autres alouettes qui, en s'approchant, reconnaissent le piége et l'évitent.

L'appareil le plus convenable pour faire tourner le miroir pour la chasse aux alouettes avec les nappes, est celui que représente la fig. 3, observant qu'il est préférable d'employer un miroir ayant la forme courbe, comme celui de la fig. 4, et dont l'arête ne soit pas garnie de glaces. On voit que le miroir est supporté par un piquet P, que l'on fait en bois dur, tel que le poirier. Il a à peu près la forme d'un gousset de menuiserie. La partie supérieure, large de deux pouces, est entaillée, à sa face antérieure, de manière à former une échancrure de quinze lignes de hauteur et de profondeur. Le bec supérieur v de l'échancrure est percé d'outre en outre d'un trou rond ; et le bec inférieur r est percé, à moitié de son épaisseur, d'un trou rond garni intérieurement, ainsi que le premier, d'une petite plaque de fer ou de cuivre. La broche b, dont l'extrémité supérieure entre dans le trou pratiqué à cet effet sous la base du miroir, traverse le bec supérieur v, la bobine y qui y est solidement emmanchée et occupe l'intervalle entre les deux becs, et tourne dans le trou du bec inférieur r; cette broche b est ronde seulement aux endroits par lesquels elle traverse le bec supérieur, et entre dans le bec inférieur afin d'y pouvoir tourner plus aisément, et elle est carrée partout ailleurs, la bobine étant destinée à lui imprimer le mouvement circulaire qu'elle doit elle-même communiquer au miroir. La partie inférieure du piquet est taillée en pointe et garnie d'une douille en fer longue de trois pouces, pour être enfoncée plus facilement en terre. Verticalement au-dessus de la pointe, la partie supérieure est surmontée d'un morceau de bois rond s d'un demi-pouce de diamètre, entouré d'un cercle de fer de deux lignes d'épaisseur. Cette tête s a un demi-pouce de hauteur, et c'est sur elle que l'on frappe pour enfoncer le piquet. La longueur totale du piquet est de neuf pouces.

Le second piquet T ne diffère du premier P, que parce que la broche qui traverse les deux becs de l'échancrure y est fixée, et que la bobine x tourne autour de cette broche, coupée au niveau du bec supérieur de l'échancrure.

Muni de ces deux piquets, le nappiste, après avoir tendu ses nappes, plante, dans l'intervalle resté vide entre elles, le premier piquet P, sur la broche b duquel il pose le miroir. On le voit en H, fig. 8., pl. X, p. 39. Auprès de l'endroit qu'il a disposé pour s'asseoir, il plante le second piquet T de manière que les faces o des deux piquets se regardent. Alors il engage, sur la bobine y du piquet P, une ficelle fine et forte, ordinairement du fouet, et il passe les deux bouts de cette ficelle par les deux trous faits à la face o du piquet, ainsi qu'on les voit aux points l, l, fig. 5, qui représente le côté o du piquet. Il prolonge cette ficelle jusqu'au second piquet **T** ; il passe un des bouts par un des trous, et, après lui avoir fait faire le tour de la bobine x, il le fait ressortir par le second trou, et noue les deux bouts ensemble au moyen d'un nœud qui puisse passer par les trous $l\,l$ des piquets. Dans cet état, la ficelle mm doit être tendue ; et, en tirant un bout continuellement vers lui, l'oiseleur imprime au miroir le mouvement circulaire, auquel il peut donner la rapidité et la lenteur que les circonstances exigent.

CHAPITRE VI.

CONSIDÉRATIONS GÉNÉRALES SUR LES CHASSES AUX PIÉGES.

Nous avons fait connaître dans les cinq chapitres qui précèdent, la composition et la destination des différens piéges que l'industrie de l'homme a créés pour rendre tributaires les nombreuses espèces d'animaux, soit pour les destiner à lui servir d'alimens, soit pour détruire ceux qui sont nuisibles, ou enfin pour peupler les volières de ces oiseaux intéressans qui égaient nos demeures par leur chant qui semble les consoler de leur servitude.

Dans le *Traité général des Chasses*, auquel celui-ci est comme l'appendice, on a traité, d'une manière assez détaillée, la destruction des animaux nuisibles, si importante à la conservation du gibier ; nous ne reviendrons pas sur ce sujet. Nous n'avons à nous occuper dans cet ouvrage que des moyens employés pour prendre, par les piéges, les hèvres et les lapins, et les nombreuses espèces d'oiseaux. Mais, avant de décrire les moyens à employer contre chacune, il est une foule d'observations générales que nous nous proposons d'énoncer succinctement dans ce chapitre, afin de mettre à même les personnes qui ne dédaigneront pas ces innocens amusemens, d'agir en connaissance de cause.

Nous devons dire, d'abord, que la législation sur la chasse défend l'usage des piéges sur le terrain d'autrui ; on s'expose donc à être regardé comme un braconnier toutes les fois que l'on se permet de chasser ainsi ; et ce n'est que sur ses terres, ou sur celles d'un ami qui en donne la permission, qu'on peut s'y amuser ; encore cette espèce de chasse est-elle défendue sur les terres non closes, à l'époque de la pariade, pour ne pas troubler le gibier dans les soins de sa reproduction.

Nous avons peu de choses à dire sur les quadrupèdes, n'ayant qu'à donner ici les moyens de prendre aux piéges les lièvres et les lapins, dont l'histoire naturelle et la chasse se trouvent dans le *Traité général des Chasses* ; mais il n'en est pas de même des oiseaux : cette nombreuse classe présente une foule d'espèces, dont les unes sont intéressantes comme gibier, et les autres comme oiseaux de volière.

Il ne suffit pas à un amateur de la chasse aux piéges de les connaître tous ; il faut qu'il en combine l'usage avec les saisons, les temps, les lieux, et les mœurs et habitudes des oiseaux qu'il veut prendre.

Ce n'est point, comme on le croit assez généralement, un jeu purement mécanique que celui de tendre des piéges aux oiseaux : il faut que l'homme qui s'y amuse soit non seulement patient et industrieux, mais encore qu'il joigne à ces deux qualités quelques connaissances positives en histoire naturelle. Nous allons donc appeler son attention sur les points de cette science qui intéressent le plus la chasse.

Ce qu'il lui importe de bien connaître, ce sont les mœurs et les habitudes de chaque espèce, les lieux d'habitation, la nourriture, etc.; chaque notion qu'il acquiert sur chacun de ces objets est un pas de fait vers un succès. Cette étude, qu'il commence en lisant les ouvrages d'histoire naturelle, il l'achève en se livrant à l'amusement de la chasse; et, d'un plaisir que bien des gens appelent frivole, peuvent résulter des observations intéressantes pour l'histoire de la nature. C'est ainsi que les premiers naturalistes, pour connaître les animaux sauvages, les oiseaux, et les poissons, firent leur profit des remarques qu'avaient faites les chasseurs et les pêcheurs. Ce fut le point d'où ils partirent, et que les travaux immortels des savans modernes ont laissé si loin derrière eux.

On trouve, pendant toutes les saisons de l'année, des occasions de faire usage des piéges; mais ce ne sont pas toujours les mêmes oiseaux auxquels on peut faire la guerre; par conséquent, il n'est pas indifférent d'employer tels ou tels moyens. Les oiseaux, toujours plongés au sein de l'atmosphère, où s'opèrent toutes les vicissitudes du temps, y sont infiniment plus sensibles que tous les autres animaux, et semblent être les sentinelles avancées qui nous annoncent le retour et le départ des frimas. Il suit de là que les changemens de saison ont sur eux une influence bien plus marquée. Ce sont eux qui produisent ces émigrations, pendant lesquelles l'air est obscurci par des essaims innombrables d'oiseaux qui s'éloignent d'un climat qui cesse de leur convenir, pour aller chercher une terre plus propice à leurs besoins. Ces grands mouvemens ont lieu deux fois par an aux époques des équinoxes, temps d'agitation dans toute la nature. A l'équinoxe d'automne, les oiseaux refluent vers le sud, et à celui du printemps ils retournent vers le nord.

Aussitôt que les jours raccourcissent, que le soleil ne jette plus sur notre hémisphère que des rayons insuffisans pour y entretenir la chaleur, on voit les hirondelles et martinets rassembler leurs familles, et précéder, dans leurs départs, tous les oiseaux insectivores, tels que les gobe-mouches, les fauvettes, rossignols, rouge-gorges, traquets, et tariers, dont les chants cessent bientôt de faire raisonner les bocages; ensuite disparaissent les becfigues, les ortolans, les huppes et les loriots, excepté quelques-uns de ces derniers qui demeurent. Toutes ces espèces vont chercher un climat plus doux, qui leur offre encore des insectes et des vermisseaux. Elles s'étendent vers le sud en s'échelonnant, de façon que les premières parties sont celles qui s'éloignent davantage. Ainsi les hirondelles passent sur les côtes d'Afrique; d'autres espèces séjournent dans les contrées méridionales de l'Europe, tandis que les loriots semblent former l'arrière-garde, et laisser dans nos cantons, surtout pendant les hivers doux, quelques éclaireurs pour les prévenir du retour du printemps. Le passage de ces espèces a lieu de septembre à octobre.

On voit ensuite les pinsons communs et d'ardennes, les proyers, verdiers et gros-becs, les alouettes, bergeronnettes, hochequeues et lavandières, qui se nourrissent d'insectes et de semences, et les linotes, sizerins et bouvreuils, revenir en nombreux essaims des contrées septentrionales, vers lesquelles ils se sont avancés pendant la belle saison, et s'éloigner vers le sud à mesure que le froid rend leurs moyens de subsistance plus difficiles. Alors les pigeons ramiers et bizets, et les tourterelles, nous quittent à leur tour, en même temps que les cailles grasses, qui, malgré leur embonpoint, passent, en orient et sur les côtes d'Afrique.

Vers la fin d'octobre, ou dès les premiers jours de novembre, paraissent les mauvis, les grives, draines et litornes, les merles, les étourneaux, et quelques espèces de corneilles et corbeaux. Les premiers de ces oiseaux s'avancent vers le sud, en séjournant dans les cantons qui leur offrent des baies et des fruits; les derniers passent l'hiver chez nous.

Après eux, arrivent sur nos côtes les oiseaux de rivage, tels que les pluviers et vanneaux, les hérons, bécasses, bécassines et râles d'eau, qui viennent habiter nos marécages; les uns voyagent au crépuscule, les autres pendant la nuit. En même temps les phalanges triangulaires de grues et de cygognes, parties du nord pour aller détruire les reptiles des terrains marécageux de l'Inde et de l'Afrique, s'abattent en passant sur nos marais et dans les lieux bas et humides.

Enfin, le froid, devenu plus rigoureux, chasse, vers nos contrées, les foulques et poules d'eau, les bandes innombrables d'oies et de canards sauvages, les sarcelles, les morillons, les macreuses, tadornes, souchets, et plongeons qui, ne pouvant plus habiter les étangs glacés du nord, viennent peupler les nôtres, et se répandre en foule sur ceux qui ne gèlent point. Ces tristes peuplades sont celles qui terminent le passage.

Lorsqu'un vent doux annonce la fin de l'hiver, les habitans de l'air éprouvent une agitation nouvelle. Chacun va s'empresser de reprendre ses cantonnemens d'été, pour se livrer avec ardeur à la reproduction des espèces. Le passage du printemps a lieu en sens inverse de celui d'automne; c'est-à-dire, que les oiseaux arrivés les derniers repartent les premiers; ainsi les canards et toutes les espèces aquatiques commencent le passage, qui se termine vers le 15 avril par le retour de tous les oiseaux insectivores qui viennent animer nos bosquets, et chanter leurs amours.

Il est sans doute inutile d'observer ici que ces passages éprouvent des variations, qui dépendent du retard ou de l'avance des saisons, et qu'ayant pris la France pour point d'arrivée et de départ, il est clair que les habitans des pro-vinces du sud n'ont pas les passages en même temps que ceux des départemens septentrionaux, et *vice versâ*. En suite, chaque espèce, dans ses migrations, ayant pour but de chercher une température favorable à la production des substances dont elle se nourrit, s'avancera moins vers le sud si l'hiver est doux, et davantage dans le cas contraire. Il est donc des années où le froid n'est pas assez rigoureux pour pousser la plupart des oiseaux aquatiques sur les côtes de la Méditerranée, tandis qu'il en est d'autres où la rigueur de l'hiver fait paraître, sur nos côtes de Picardie et de Nor-mandie, des espèces d'oiseaux du nord, qui ne s'y montrent pas tous les ans, et dont la présence annonce l'intensité du froid.

Maintenant, avec un peu d'attention aux époques des passages, un habitant d'une province quelconque de la France pourra faire des observations importantes sur la durée, la direction des passages, et les vents par lesquels ils ont lieu. Toutes ces remarques le mettront à même de profiter avec avantage de ce temps d'abondance. On conçoit qu'il faudrait des volumes entiers pour consigner dans un seul ouvrage le résultat de toutes ces observations, suivant les localités; observations d'ailleurs dont la plupart sont encore à faire.

Ce grand flux et reflux des oiseaux, du nord vers le midi, et du midi vers le nord, n'est pas commun à toutes les espèces. La plupart des oiseaux granivores qui fréquentent les plaines et les bois sont sédentaires. Cependant on remarque parmi eux un mouvement, à l'époque des passages. A la fin de l'automne, les oiseaux de plaine abandonnent les collines et les montagnes pour chercher les lieux abrités et le creux des vallons ; les granivores des bois s'approchent alors des habitations, où ils trouvent une nourriture plus abondante. Les uns et les autres se répandent au printemps, et peuplent également les bois et les collines.

Le temps, avons-nous dit, mérite l'attention d'un chasseur ; et, en effet, chaque chasse réussit plus ou moins bien, suivant l'état de l'atmosphère. Les oiseaux, ressentant vivement et promptement tous les changemens de temps, sont agités à l'approche d'un orage, et cherchent un abri, les uns sous les feuilles des arbres, d'autres sous les touffes de gazon ou dans les trous de rocher. C'est donc perdre son temps que de tendre par un temps disposé à l'orage ou à la pluie, parce que tous les oiseaux se tiennent dans leur retraite. Mais lorsque le temps redevient beau, les piéges peuvent être tendus avec succès, parce qu'alors ces legers habitans se répandent çà et là, et sont plus avides de nourriture, ce qui les rend plus facilement victimes des ruses du chasseur.

Les grands vents nuisent en général à toutes les tendues ; ils inquiètent les oiseaux qui cherchent à s'abriter, ou qui, du moins, ne voltigent qu'avec méfiance. Une remarque également importante, c'est que ces legers animaux, que la nature instruit au vol, se laissent rarement emporter au flot de l'air ; ils se dirigent assez ordinairement contre le vent, ou du moins ils louvoient comme les marins qui, pour se rendre vers le sud, par exemple, préfèrent au vent du nord celui de nord-est ou nord-ouest ; n'est-il pas probable que cette habitude leur ait été donnée par la nature, afin qu'ils puissent éventer plus facilement les émanations que leur apporte l'air, et éviter par là ce qui peut leur être nuisible ?

Quant aux lieux que chaque espèce habite de préférence, il est difficile de les préciser; cependant nous allons les indiquer sommairement, en nous réglant sur la température qui lui convient. Les oiseaux aquatiques, qui se composent des nombreuses familles d'oies, de canards, sarcelles, etc. sont particulièrement habitans des contrées du nord ; on ne les voit donc en France que pendant les rigueurs de l'hiver; on ne les trouve que sur l'eau.

Les oiseaux demi-aquatiques ou des marais, tels que les poules d'eau, hérons, courlis, bécasses, vanneaux, pluviers, cygognes, grues, etc., cherchent les marécages et les pays couverts, humides et froids. Ils supportent moins la froidure que les oiseaux d'eau, et se rapprochent davantage des climats tempérés. On les trouve sur les bords des eaux, qu'ils habitent dans tous les pays. La nature leur a donné de longues jambes pour marcher plus facilement dans la fange, et un long bec pour y fouiller.

Les oiseaux de plaine, en général sédentaires, si l'on en excepte les cailles et alouettes, vivent sous un climat tempéré; on les trouve dans les champs, dans les terrains secs, les vallons et sur les collines; ils aiment à se rouler dans la poussière. Les perdrix, faisans, coqs de bruyère, outardes, gelinottes, cailles et alouettes, composent la famille des oiseaux de plaine.

Parmi les oiseaux des bois, les fauvettes, becfigues, rossignols, gobes-mouches et tous les insectivores fréquentent les bosquets, les buissons et les broussailles, et aiment la chaleur; les bouvreuils, gros-becs, moineaux et tous les petits granivores recherchent les mêmes lieux, mais une température moins élevée ; les loriots, les merles, grives et étourneaux se plaisent dans les taillis des pays tempérés ; les pics, huppes, coucous, pigeons et tourterelles habitent les bois de haute futaie, et recherchent les climats chauds, tandis que les corbeaux, corneilles et pies peuplent les mêmes bois, mais sous un climat tempéré.

Il suit, de ce que nous venons de dire, que, vers la fin de l'automne et pendant l'hiver, on trouve, en France, dans les lieux marécageux et sur le bord des eaux, les familles nombreuses d'oiseaux de rivage ; ensuite, pendant l'hiver, abondent, sur les lacs, les étangs, les petites rivières et les côtes maritimes, surtout celles du nord, tous les oiseaux d'eaux que les aquilons chassent du septentrion. Au printemps et pendant l'été, les bois et les bosquets sont peuplés des petits oiseaux qui se nourrissent d'insectes, et qui viennent du midi purger notre atmosphère de ceux que les chaleurs y font éclorre. Enfin, pendant toute l'année, on trouve, en France, chacun dans les cantons qu'ils affectionnent particulièrement, suivant la saison, les oiseaux de plaine et les petits granivores des bois, qui, lorsque la terre est couverte de neige, viennent jusque dans les greniers se nourrir de céréales.

Toutes ces observations méritent l'attention des personnes qui s'amusent aux chasses avec les piéges ; elles sont susceptibles de différentes modifications, que nous avons consignées aux articles consacrés à chaque chasse générale et à chaque oiseau. En en faisant une application convenable, l'oiseleur ne peut qu'augmenter ses succès ; mais surtout ce qu'il devra remarquer, ce sont les époques d'arrivée et de départ des espèces de passage, et les vents qui les ont amenées, ou par lesquels elles se sont éloignées ; une série d'observations bien faites, à cet égard, ne pourrait

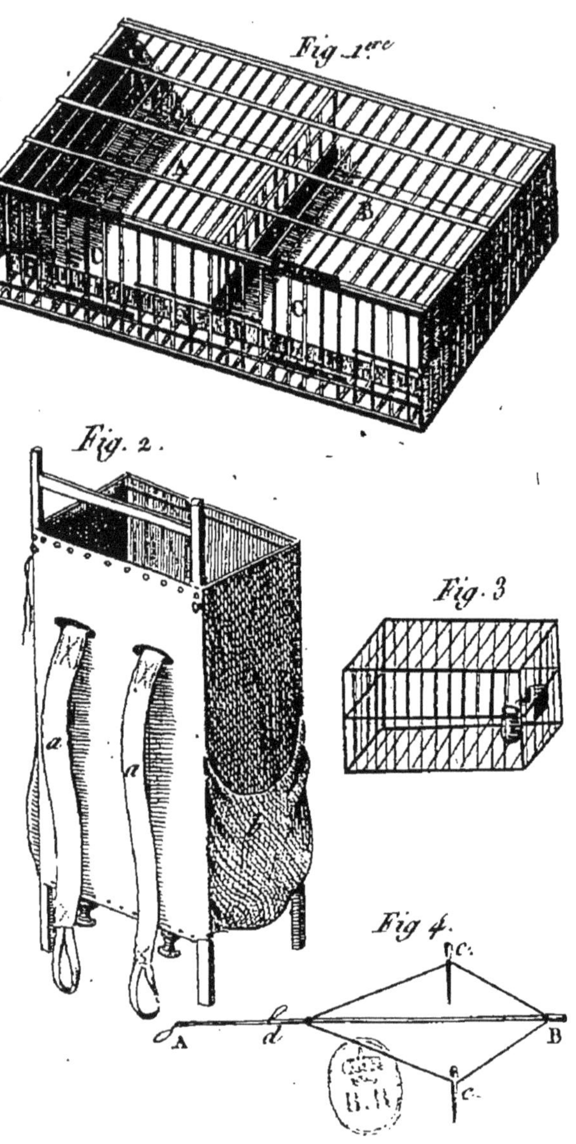

Ustensiles de Chasse.

que lui être très-utile , en même temps qu'elle deviendrait
une source de renseignemens précieux pour la science de
l'ornithologie à laquelle il reste encore beaucoup à acquérir.

Outre tous les piéges que nous avons décrits , il est encore quelques ustensiles et outils indispensables à l'oiseleur,
et qui constituent, pour ainsi dire , son équipage. On sait
qu'on appelle oiseleur celui qui s'occupe ou s'amuse à
prendre toütes espèces d'oiseaux au moyen des piéges. On
entend cependant aussi communément par ce mot celui
qui en fait le commerce ; cependant le véritable nom est oi-
selier. Les oiseliers formaient autrefois une corporation qui
avait le privilége de députer, au sacre de nos rois , quelques-
uns des principaux d'entre eux. Ceux-ci portaient des oiseaux
qu'ils lâchaient dans l'église pendant la cérémonie. Ce privilége a été accordé pour la dernière fois au sacre de
Louis XVI.

Tout ce que nous allons dire ici regarde l'oiseleur.

Il doit être doué de beaucoup de patience , car elle est souvent mise à de longues épreuves ; il doit être industrieux, car
il ne lui suffit pas d'avoir des piéges bien faits, d'en connaître
l'usage, ainsi que la manière de les tendre ; il faut qu'il ne
soit embarrassé , ni par les localités qui nécessitent des
changemens à ses piéges , ni par les accidens qui peuvent
le forcer à les raccommoder promptement, s'il ne veut pas
perdre son temps et ses peines. Il est donc essentiel qu'il
sache faire un peu de tout, et surtout qu'il se précautionne
de tout ce dont il peut avoir besoin sur le terrain, pour
n'être jamais pris au dépourvu.

Nous allons passer en revue tous les objets qui lui sont
nécessaires.

La fig. 2 de la pl. XXXIV représente une hotte d'oiseleur. Sa forme est suffisamment indiquée ; sa charpente se
compose de quatre montans assemblés par des traverses à

tenons. Le fond inférieur est à claire voie. La hotte est re-couverte d'une toile grise clouée sur les traverses et les montans; *a a* sont les bretelles en cuir, qui servent à la porter sur le dos. De chaque côté de la hotte est une poche semblable à celle *b*. Ces poches reçoivent les sanglots et les petits instrumens qu'on a besoin d'y loger.

Cette hotte sert à porter les cages d'appelans, faites en osier et semblables à celle représentée fig. 3. Elle peut en contenir seize, placées dans la hotte en quatre rangs, de quatre cages chacun. On place un carré de toile cirée entre chaque rang, afin d'empêcher que les appelans se voient et se tourmentent, et pour les mettre à l'abri de la pluie, si l'on était surpris par elle.

La fig. 4 représente un sanglot, pour placer les per-chans. *Voyez* sa description à l'article *Appelans*, page 136. Il faut s'en pourvoir d'un certain nombre, afin d'en avoir de rechange dans le cas où l'on en casserait.

La fig. 1 est celle de l'égrainoir dont nous avons parlé à l'article *Appelans*, page 132. On le place sur le haut de la hotte. Il sert à contenir les oiseaux vivans que l'on destine à faire des appelans. Il est partagé en deux compartimens A et B qui ont chacun leur porte *c*. Le fond et la moitié des côtés sont garnis d'une toile grise.

Les outils dont l'oiseleur a besoin, suivant les circon-stances, sont :

Une serpe, pour couper les petites branches, aiguiser les bouts des raquettes, des rejets, des volans, etc. Si l'on veut disposer une pipée, il faut se munir d'une serpe plus grande pour tailler les branches un peu grosses et faire les entailles destinées à recevoir les gluaux. Cet instrument est assez connu pour nous dispenser d'en faire la description et d'en donner la figure.

Un couteau dont les usages sont à peu près les mêmes

que ceux de la serpe : quelques oiseleurs se servent d'un couteau fait exprès. Sa lame est arrondie à son extrémité, pour ne point blesser en la fermant. Le manche est solidement fait en fer, et a des creux ou arrêts. Lorsqu'on veut couper une petite branche bien net, on la place dans un des arrêts ; puis, fermant la lame et la serrant fortement, on la coupe uniment, en ayant soin de la tourner dans l'arrêt pour que la lame coupe en sciant.

Un canif, un peu fort et bien aiguisé pour faire les pointes des gluaux et tailler les marchettes des différens piéges.

Une petite gouge pour percer les trous dont on peut avoir besoin. Ce petit instrument offre l'avantage de percer le bois sans le faire éclater. On peut en faire une soi-même, avec une vrille que l'on casse au-dessus de sa vis et que l'on aiguise ensuite.

Enfin une masse à pic ; espèce de marteau, dont un côté fait masse et sert à enfoncer les piquets dans la tendue des nappes à alouttes, des pantières, etc., et l'autre est un pic dont on se sert pour remuer la terre.

Les pipeurs font aussi quelquefois usage d'un petit instrument nommé *quarrelet*, pour faire le trou dans la feuille de lierre qu'ils emploient à frouer. L'extrémité est creuse, carrée et coupante, comme celle d'un emporte pièce. Ils prétendent que la feuille est coupée plus net avec cet instrument, et est moins sujette à se fendre que lorsqu'elle est coupée avec les dents. Cependant beaucoup de pipeurs s'en tiennent à cette dernière méthode.

Il leur faut également un carton pour contenir leurs gluaux. *Voyez* cet article ; nous en avons parlé, page 103, et une petite boîte en fer blanc où ils placent l'herbe à piper.

Outre ce que nous venons de dire, l'oiseleur, avant d'aller à la chasse, doit s'assurer que les piéges qu'il se propose d'employer sont en bon état ; et il se munira de ficelles de différentes grosseurs pour remédier à celles qui pourraient ou se perdre ou se casser. Il doit aussi apprendre à faire tous les nœuds qui lui sont utiles pour fixer ses piéges ou les faire jouer. Ces nœuds doivent toujours être faciles à faire, solides, et pouvoir se défaire aisément. Nous avons indiqué les principaux à l'article *Nappes*, page 38.

L'oiseleur a souvent besoin, pour se dérober à la vue des oiseaux, d'avoir recours à différens moyens : déjà, dans le *Traité général des Chasses*, on a donné la description de la *vache artificielle* et de la *hutte ambulante*, nous y renvoyons nos lecteurs. Il nous suffira ici de décrire une cabane portative dont l'emploi est commode, et se présente souvent.

On fait cette cabane de deux manières différentes; la première est celle qu'adoptent les amateurs qui veulent en avoir une commode et bien faite; la seconde, quoique plus grossière, présente les mêmes avantages.

La première est une espèce de parapluie, sans canne dans l'intérieur. La partie supérieure est composée d'un cercle en bois, fait de quatre pièces, pour éviter les endroits faibles que l'on rencontrerait dans un cercle fait du même morceau. Ce cercle laisse une ouverture assez grande pour que le chasseur puisse y passer la tête. Sur ce cercle sont fixées solidement plusieurs tringles en fer poli et courbées, afin de donner à la cabane beaucoup d'évasement par le bas. Ces tringles sont assujetties dans cette partie par un cercle de fer formé de quatre pièces contournées en quart de cercle, qui se vissent les unes dans les autres, et qui reçoivent les crochets que forme chaque tringle à son extrémité. Dans le milieu des tringles sont fixées d'autres tringles à crochets qui entrent dans un trou pratiqué à la tringle suivante, pour maintenir la cabane ouverte à l'endroit où commence la courbure des tringles longitudinales. Cette cabane est recouverte d'une toile verte, sur laquelle sont cousus assez près les uns des autres, et dans toute sa circonférence, des passans faits de petites ficelles pour recevoir des rameaux verts qui la rendent semblable à un petit buisson.

On emploie cette cabane qui, toute montée, ne doit pas peser plus de huit livres, principalement à la chasse aux petits oiseaux avec la chouette, ou à celle aux abreuvoirs. *Voyez* ces chasses. La toile qui la couvre est en conséquence percée de trois trous : l'un, vers le haut, pour laisser voir au chasseur ce qui se passe; un autre, un peu plus bas, pour passer un brai lorsque l'on veut s'en servir; et enfin le troisième, presque en bas, pour passer le sanglot ou verge de meute sur lequel on place la chouette.

La grandeur de la cabane doit être calculée de façon que le chasseur puisse se tenir dessous assis à terre. La partie supérieure a un couvercle qui n'y est attaché que d'un côté; et, lorsque le chasseur veut changer de place, il passe la tête par le cercle et emporte sa cabane sur les épaules.

Cette cabane offre la commodité d'être très-portative. Lorsqu'elle est démontée, toutes les pièces se placent dans la toile qui la recouvre et qui sert de sac pour les transporter.

La seconde cabane se compose de deux ronds de bois plats. Le premier a une rainure sur sa circonférence, pour recevoir plusieurs tringles de bois percées à leur partie supérieure d'un trou pour le passage d'un fil de fer qui les retient toutes et est logé dans la rainure. Le rond inférieur est d'un diamètre un peu plus grand ; ces deux ronds sont unis l'un à l'autre au moyen d'une vis en bois, que l'on peut serrer et desserrer à volonté. Les tringles longitudinales en bois qui forment la cabane sont unies les unes aux autres par des ficelles d'une longueur proportionnée à leur écartement lorsque la cabane est montée. Un rang de ces ficelles est placé au milieu de leur hauteur; un second rang, à trois pouces de leur extrémité inférieure. On laisse sans ficelles l'intervalle entre deux tringles, ce qui forme comme une porte pour passer sous la cabane. On monte cette dernière au moyen de la vis qui unit les deux ronds. Quand elle est desserrée, les tringles sont rapprochées; quand on la serre, le rond inférieur remonte; et, comme son diamètre est plus grand que celui du premier, il écarte les tringles qui, légèrement courbées vers le haut, sont plus rapprochées qu'à quelques pouces plus bas.

On couvre cette cabane d'une toile verte garnie de passans en cordonnet, pour recevoir les petits rameaux dont on la garnit pour lui donner l'apparence d'un petit buisson. Sa grandeur est à volonté.

Les usages de cette cabane sont les mêmes que ceux de la précédente; elle est bien moins coûteuse; on peut la faire soi-même, tandis que l'autre doit l'être par un serrurier mécanicien.

Nous croyons n'avoir rien omis, dans cette première partie, des piéges et des ustensiles nécessaires à un amateur de ces sortes de chasses; nous allons, dans la seconde partie, nous occuper de l'emploi de ces mêmes piéges contre les différentes espèces d'oiseaux et contre les lièvres et lapins.

SECONDE PARTIE.

DES CHASSES AUX OISEAUX ET AUX LIÈVRES ET LAPINS AVEC LES PIÉGES.

CHAPITRE PREMIER.

DE QUELQUES CHASSES GÉNÉRALES.

Section Ire.—De la pipée.

Cette chasse est fondée sur l'antipathie naturelle à la plupart des oiseaux des bois contre la chouette et le hibou. Cette haine, qui anime le plus grand nombre de ces oiseaux, résulte sans doute des ravages que fait parmi eux pendant la nuit cette espèce nuisible, qui, profitant du moment où les chantres des forêts se livrent à un sommeil tranquille, vient porter parmi eux le carnage et la mort. Surpris dans l'obscurité de la nuit, effrayés par les cris lugubres de sa cruelle messagère, ils ne peuvent même pas lui opposer les faibles moyens dont la nature les a doués pour échapper à la serre des ennemis qui les attaquent le jour. Aussi, si, par hasard, l'aurore paraît avant que la chouette ait regagné son gîte, on voit tous les légers habitans des airs se réunir, s'appeler les uns et les autres, attaquer leur ennemie, la poursuivre en poussant des cris aigus qui peignent leur fureur, augmentent leur acharnement, et les animent à venger sur elle les meurtres qu'elle a commis la nuit ; elle-même semble en avoir horreur, puisqu'elle fuit le jour dont sa faible vue ne peut supporter l'éclat.

En conséquence, *piper*, c'est imiter, au moyen des appeaux dont nous avons parlé page 126, les cris plaintifs d'une chouette ou d'un hibou attaqué par ses nombreux ennemis, pour exciter l'animosité des oiseaux qui se trouvent à portée, et les engager à accourir à ces cris qui leur présagent le plaisir de la vengeance.

Mais ce n'est pas l'affaire d'un jour de piper avec art. La nature, qui nous a permis de faire tourner à notre avantage les habitudes des oiseaux, les a doués aussi d'un tact particulier, qui leur fait distinguer parfaitement le cri véritable de la chouette d'avec les sons faux qu'un pipeur peu exercé fait rendre à son appeau.

L'art de ce dernier ne se borne pas seulement à l'imitation du cri de la chouette; il faut encore qu'il sache contrefaire parfaitement les cris des autres oiseaux, et surtout des plus acharnés, tels que les geais, merles, pinsons, mésanges, etc., qui sont les plus hardis, et paraissent des premiers sur le champ de bataille. C'est à la pipée même qu'il faut étudier les différentes nuances de ces tons; l'accent de la fureur, qui les anime alors, celui de la crainte que leur inspire encore leur ennemie, sont bien différens des gazouillemens ordinaires, et de l'expression de l'amour ou du plaisir, qu'ils font entendre dans leurs jours de bonheur.

Ce n'est point avec un livre qu'un oiseleur deviendra un habile pipeur, c'est en s'essayant à cette chasse qu'il apprendra le parti qu'il peut en tirer, les moyens qui y réussissent le mieux; nous ne voulons ici qu'en indiquer les ressources, la théorie, et la manière la plus ordinaire d'y procéder. Nous lui rappellerons qu'un bon pipeur ne doit pas être routinier, parce que le succès dépend d'un concours de circonstances qui rendent quelquefois inutiles des moyens qui ont procuré des succès brillans dans un autre endroit, et il connaîtra qu'il doit souvent modifier ou ajouter, suivant les pays, les temps, les heures, les saisons, etc.

La pipée a pour but d'atteindre une foule de petits oiseaux qui échappent à une chasse régulière et suivie, qui néanmoins consomment une partie remarquable des recoltes, et dont la chair délicate, digne de subir les préparations de la cuisine, paraît avec honneur sur une table bien servie. Outre ces avantages, elle est favorable à la conservation du gibier en détruisant quelques oiseaux de proie, tels que la buse, et des corbeaux et des pies non moins destructeurs, puisqu'ils attaquent les perdreaux, cailleteaux, etc., et même des levreaux, et mangent une grande quantité d'œufs.

Les agrémens que présente cette chasse, vraiment divertissante, suffisent encore pour engager les personnes qui possèdent des terres, propres à la pipée, à s'y amuser, ne fût-ce que pour procurer quelquefois cette récréation aux dames, et diminuer cette foule d'oiseaux parasites qui font si chèrement payer aux propriétaires la liberté dont ils jouisent, d'avoir les prémices de leurs fruits, et de se nourrir des grains semés, sur pieds ou recueillis. Nous dirons, à l'article *Moineau*, combien un individu de cette espèce est supposé consommer de grains ; nous ajouterons ici qu'il n'est pas un merle ou une grive qui n'enlève à chaque vendange au moins deux littres de vin, et tout le monde sait que ces oiseaux ne sont pas les seuls qui touchent aux raisins.

Un reproche que l'on peut faire à la pipée, mais qui nous paraît l'unique, c'est que pour l'établir il faut quelquefois porter la serpe dans les taillis que l'on a choisis, et faire quelques abattis ; cependant, quand l'oiseleur sait profiter des clairières, et que l'expérience dirige sa main, le dommage à craindre se réduit à rien.

Des saisons, temps et heures convenables aux pipées. — Tout mérite, de la part d'un pipeur, une attention particulière ; et, malgré qu'en tout temps on pourrait espérer de prendre quelques oiseaux, cependant, comme le nombre ne vaudrait pas la peine que nécessitent les apprêts de cette chasse, on a reconnu qu'il n'y avait que trois époques de l'année qui promettaient quelques succès.

De là la distinction de trois sortes de pipées : les pipées précoces qui ont lieu en juillet, époque de la maturité des mérises ; les pipées de saison que l'on fait durer du 1er septembre au 15 octobre ; et les pipées tardives qui se font en novembre par un temps doux.

Les premières produisent le moins de gibier ; c'est l'époque où les dernières couvées de l'année viennent d'éclorre : les pères et mères, attentifs aux soins qu'exige leur famille, ne paraissent pas s'occuper d'autre chose, et la haine qu'ils portent à la chouette cède à un sentiment plus doux. Les jeunes, trop faibles encore, n'y donnent pas non plus, et le produit de ces pipées est peu considérable ; encore le gibier que l'on y prend est-il maigre et mauvais à manger. Il serait à désirer que l'on s'en abstînt, parce qu'elles sont destructives ; tous les oiseaux qui y sont pris laissent des orphelins qui périssent bientôt de faim, ou victimes de leur inexpérience qui les livre aux oiseaux de proie ou aux renards, qui les trouvent à terre d'où la faiblesse de leurs ailes les empêche de s'élever.

Les secondes pipées sont les plus productives ; elles ont lieu avant, pendant et après les vendanges ; à cette époque, tous les oisillons, gavés de fruits, sont d'une délicatesse exquise. C'est le moment du passage des grives et rouge-gorges, qui, réunis en bandes nombreuses, donnent facilement à la pipée et offrent à l'oiseleur un tribut qui le récompense de ses travaux.

Les dernières pipées ont pour but d'atteindre les draines ; elles ont lieu à l'époque de leur passage. Ces oiseaux y abondent, accompagnés des geais et des merles. Les succès de ces pipées sont très-brillans lorsque le pipeur sait profiter du moment du passage.

C'est le matin et le soir que l'on consacre à la pipée. Le matin, il faut avoir tendu avant l'aurore, et commencer à piper dès qu'elle permet de distinguer les objets. Les oiseaux, qui se mettent en mouvement, à cette heure, pour sortir des bois et aller chercher leur nourriture, sont facilement attirés vers la pipée ; si l'on commençait trop tard, la plupart serait déjà dispersée dans les champs, et il faudrait détendre plutôt que d'attendre leur retour, qui ne doit avoir lieu que vers midi, dans les grandes chaleurs (et ce moment ne vaut rien pour la pipée, la trop grande ardeur du soleil nuisant à la glu) ; et, dans tout autre temps, les oiseaux ne rentrent au bois qu'au moment du coucher du soleil. Il n'est donc pas agréable de rester oisif toute une journée.

La pipée du matin, commencée avec l'aurore, doit être détendue à huit heures, il n'y a plus alors que très-peu d'oiseaux dans les bois ; et, d'ailleurs, le soleil devient trop ardent pour les gluaux.

A la pipée du soir, il faut avoir tendu une heure avant le coucher du soleil. Il ne faut pas non plus commencer à piper trop tôt ; il convient d'attendre l'arrivée des oiseaux qui se rendent tous les soirs au bois pour y passer la nuit. Si l'on pipait trop tôt, ils entendraient l'appel de trop loin, se familiariseraient avec ce son, et éviteraient de donner dans le piége. Il suffit qu'un oiseau reconnaisse la ruse pour qu'au cri qu'il pousse, tous les autres prennent leur essor et laissent le pipeur enrager de voir son espoir déçu.

La pipée du soir paraît être toujours la plus productive, sans doute parce que les oiseaux, ayant satisfait à tous leurs besoins, n'ont aucun soin qui les occupe, tandis que le matin il en est tout autrement.

Tous les temps ne sont pas indistinctement bons pour réussir à la pipée. Trop de chaleur rend la glu coulante, et par conséquent plus aisée à détacher des plumes. Le froid la durcit et lui ôte sa qualité adhérente, sans laquelle elle n'est bonne à rien. Pendant la pluie, ou un brouillard épais et humide, la glu ne s'attache pas non plus; et, outre l'ennui de ne rien prendre, le pipeur a le désagrément d'être mouillé.

Par un vent fort, il est difficile de tendre l'arbre de pipée, parce que les gluaux tombent à mesure qu'on les place; pour éviter cet inconvénient, il faut tendre roide, ce que l'on fait en enfonçant beaucoup les gluaux; et, dans ce cas, souvent les oiseaux y touchent sans les emporter, et parviennent à s'en détacher. Un autre inconvénient encore, c'est que le vent porte les sons des appeaux tout d'un côté, ce qui fait que plus de la moitié des oiseaux ne les entend pas; et, si l'on joint à cela le bruissement des feuilles, continuellement agitées, qui inquiète les oiseaux et les empêche encore d'entendre, on reconnaîtra que, quel que soit le talent du pipeur, ses succès sont très-douteux.

Il faut donc, pour mettre toutes les chances de son côté, piper par un temps calme et sans pluie. Un temps couvert, mais sûr et sans humidité, est très-favorable; les oiseaux, redoutant la pluie, s'éloignent peu du bois qui leur offre un abri contre elle. Cependant, si l'on trouvait l'occasion de piper après une pluie douce et chaude, lorsque les arbres sont suffisamment essuyés, on aurait lieu de compter sur un succès certain. Les oiseaux qui ressentent vivement les influences de l'atmosphère, ont cherché un abri contre l'eau; ils se sont rassemblés dans le bois; et, lorsque la pluie a cessé, et qu'ils n'entendent plus tomber des arbres les gouttes d'eau qui les effraient encore, ils reprennent leur vivacité et leur essor, ils sautent de branches en branches; et, si le son du fatal appeau se fait entendre alors, on les voit donner en foule sur les gluaux et tomber en grand nombre aux pieds du pipeur.

Comme il faut, dans cette circonstance, tendre la pipée immédiatement après la pluie, et le plus lestement possible, nous recommandons au pipeur de monter sur l'arbre avec précaution, parce que les branches qui doivent lui servir d'échelons sont très-glissantes et qu'il serait dangereux d'agir avec trop de précipitation.

Dans les pipées tardives, une petite gelée blanche, le matin, doit augmenter l'espoir du pipeur, il peut compter que les pinsons et les grives viendront visiter sa tendue.

Avant de traiter de l'établissement d'une pipée, nous devons engager nos lecteurs à se reporter aux pages 100 et suivantes où nous avons fait connaître la préparation des gluaux, et les appeaux employés à cette chasse.

Choix de l'emplacement d'une pipée. — Le pipeur doit apporter une attention particulière dans le choix de l'emplacement de ses pipées. Ses premiers soins sont d'étudier les habitudes des oiseaux dans le canton qu'il habite; ses remarques lui feront bientôt connaître les lieux que ces derniers préfèrent. Il saura que, généralement, ils fuient les endroits fréquentés, qu'ils cherchent, pour la nuit, un gîte éloigné du passage des hommes, à l'abri des vents qui troublent leur sommeil par l'agitation qu'ils communiquent aux branches, et que la lisière des bois est également le lieu qui leur plaît le plus, parce qu'ils y sont plus à portée des champs qui leur offrent la nourriture de la journée. Le voisinage d'une marre d'eau qui forme l'abreuvoir pour se désaltérer et s'y baigner, et celui des vergers, des vignes, à l'époque de la vendange, et des champs ensemencés, couverts de leurs moissons, ou qui viennent d'être récoltés, sont autant de raisons qui les engagent à choisir un asile si heureusement situé.

Mettant donc à profit les remarques qu'il a faites et les notions que nous venons de lui donner, l'oiseleur, pour établir sa pipée, choisira, dans un taillis de cinq ou six ans, qui ne sera pas trop enfoncé dans les bois, une place où se trouvera un arbre touffu et d'une hauteur suffisante, sans cependant être trop élevé, et qui sera isolé et éloigné autant que possible des autres grands arbres.

Cet emplacement devra être à l'abri des vents, pour la raison que nous avons déjà donnée, et ensuite parce que le vent est contraire à la pipée, et peut détendre les gluaux au moment où les oiseaux donnent en grand nombre.

Il devra être éloigné du passage, parce que la présence d'un seul individu peut détruire en un instant tout l'espoir du pipeur.

Il devra être sans écho, parce que la répétition des sons de l'appeau peut détourner l'attention des oiseaux et les empêcher de donner aveuglément dans le piége.

Il sera à proximité ou d'un abreuvoir ou de vergers, vignes ou champs. Tous ces avantages réunis donneraient à la pipée un prix infini. Pour les pipées précoces, il faut rechercher le voisinage des merisiers, et, pour les pipées tardives, celui des cornouillers et des lieux abondans en genièvres.

Disposition de la pipée. — Ayant, sur les données précédentes, fait choix d'un emplacement convenable, il faut établir, à peu près au centre, une loge ou hutte que l'on forme avec les taillis vivans, disposés à cet effet. Pour cela, on coupe intérieurement, à rez terre, toutes les branches pour faire une place nette, assez grande pour contenir les pipeurs. Il faut se garder de donner à cette hutte une forme trop régulière; et, pour qu'elle cache bien les personnes qui s'y retirent, on garnit les endroits clairs avec les branchages que l'on a ôtés de l'intérieur, et ceux que l'on a occasion de couper ensuite. Cette loge a deux entrées, opposées l'une à l'autre, et sa disposition est telle que l'on puisse voir ce qui se passe à l'entour. Si l'on pipe en ne tendant que l'arbre de pipée, il faut alors que la loge soit établie au-dessous; mais si l'on garnit aussi les avenues de gluaux, elle peut être placée à une vingtaine de pas de l'arbre, mais de manière à voir ce qui s'y passe.

On pratique ensuite plusieurs routes droites, auxquelles on donne le nom d'*allées* ou *avenues*, et qui toutes viennent aboutir à la loge et forment l'étoile. Une de ces avenues conduit directement à l'arbre de pipée qui doit être bien à découvert.

On prépare toutes ces avenues en élaguant les pousses de taillis qu'il est indispensable de couper, et, en se contentant de relever et de maintenir avec des liens d'ares les branches avançant dans la route, qui, ainsi retenues, laissent assez de place, ce qui ménage beaucoup les taillis. Au surplus, l'uniformité de ces avenues n'influe en rien sur le succès de la pipée; et par conséquent le pipeur peut, pour les pratiquer, mettre à profit toutes les clairières pour éviter le plus possible de tailler.

Lorsque la loge n'est pas suffisamment isolée, ce qui arrive souvent, on pratique à l'entour une allée ou avenue circulaire pour pouvoir en faire le tour et se porter dans toutes les avenues lorsque l'on voudra ramasser les prisonniers. Quant aux autres avenues circulaires, que l'auteur

de l'*Aviceptologie* conseille d'établir dans le plan trop régulier qu'il donne de sa pipée, nous les regardons comme
inutiles : d'abord, parce que de la loge on ne peut voir ce
qui s'y passe, et ensuite, ces avenues ne devant servir que
de communication avec les allées droites, c'est faire sans
nécessité du dégât dans un taillis, puisqu'on peut communiquer avec toutes les avenues droites par le secours de l'allée
circulaire qui entoure la loge. D'ailleurs, comme il est rare
qu'il n'y ait pas dans les taillis des clairières suffisantes au
passage d'une personne, il faudrait avoir bien la manie de
tailler pour s'osbtiner à former des allées circulaires de trois
et cinq pieds.

Quant aux avenues droites, leur nombre dépend de l'étendue du terrain; et, nous le répétons, un pipeur exercé
doit sacrifier leur régularité à la conservation du taillis.
Souvent même, on ne pipe qu'en tendant l'arbre et sans
disposer d'allées.

D'après ce qui vient d'être dit, une pipée doit avoir
au centre la loge qui cache les pipeurs ; cette loge doit
être isolée, ou alors il faut pratiquer une avenue à l'entour ;

Plusieurs avenues droites, plus ou moins longues et
larges, suivant la disposition des clairières, dont il faut
toujours profiter ;

Un arbre qui s'élève au-dessus du taillis, à vingt pas
environ de la loge, et au milieu d'une des avenues, afin
d'être bien en vue.

*De la préparation de l'arbre, et de la manière de tendre
la pipée.* — Pour disposer l'arbre de la manière la plus
convenable, le pipeur, armé de sa serpe, monte dessus à
l'aide d'une corde à nœud dont il a lancé un des bouts lié
à une pierre par-dessus une grosse branche et qu'il a solidement fixé ensuite.

Il commence par la cime de l'arbre sur laquelle il prépare deux ou trois grosses branches destinées à offrir un juchoir aux buses et autres gros oiseaux qui ne se posent que sur le haut des arbres, et qu'attire l'espoir de faire leur proie des oisillons qui se rassemblent en grand nombre. Il ne touche plus à la tête, afin que, n'étant pas trop dégarnie, elle ne paraisse pas suspecte aux oiseaux, et leur cache les gluaux dont il veut armer les branches inférieures. Il examine alors celles qui lui paraissent le plus favorablement disposées, et il coupe, toujours en descendant, celles qui ne peuvent que nuire, ayant soin de laisser tenant au tronc une longueur de six pouces, afin de s'en servir comme d'échelons pour tendre et détendre son arbre. Une douzaine de branches assez bien placées autour de l'arbre pour offrir aux oiseaux autant de juchoirs commodes, sont suffisantes à la tendue. Cependant, plus on peut en tendre, et mieux cela vaut, pourvu, toutefois, qu'aucune d'elles ne soit placée trop près d'une autre pour la rendre inutile. Toutes les extrémités des branches préparées pour recevoir les gluaux restent garnies d'un bouquet de feuilles.

L'arbre ainsi préparé, et chacune des branches choisies, élaguée de tous ses petits rameaux feuillés jusqu'à la distance du tronc où le pipeur peut atteindre, il n'a plus qu'à y faire les entailles pour y placer les gluaux. Il y procède avec une serpette tranchante et légère, dont il donne de deux pouces en deux pouces des coups obliques sur chaque branche, forçant un peu avec sa serpette pour que l'ouverture reste entre-bâillée. Ces entailles ne doivent pas avoir plus de trois lignes de profondeur.

Tous les branchages abattus à l'arbre de pipée sont portés auprès de la loge pour en garnir les endroits clairs.

Lorsque l'on veut faire une pipée en grand, on ne se contente pas de tendre l'arbre de pipée ; on garnit encore de gluaux les allées droites que l'on a pratiquées, parce que les oiseaux qui cherchent à apercevoir leur ennemi s'approchent de la loge en voltigeant sur les branches qui bordent les avenues.

Pour pouvoir les placer, on dispose, à trois ou quatre pieds de distance les unes des autres, les branches que l'on trouve propres à cet usage, ou, à défaut de ces branches naturelles, on en plante d'autres que l'on a coupées à l'arbre de pipée ou dans les taillis qu'il a fallu élaguer pour percer les allées. Ces branches, soit vivantes, soit plantées exprès, prennent le nom de perches ou de plians.

Pour que ces plians présentent un point de repos plus visible, il faut les faire venir sur l'allée ; pour cela, on donne un coup de serpe à la branche du côté opposé où on veut la faire pencher, et à trois pieds environ de terre : alors son propre poids l'incline vers l'allée. Cette opération faite, on entaille le dessus de ces branches comme celles de l'arbre de pipée ; mais les plians étant moins gros, il faut que les entailles soient aussi moins profondes. Toutes les avenues se trouvent bordées de plians pareils, dont les uns s'élèvent à six pieds, d'autres à quatre, mais jamais moins.

Dans cet état, l'emplacement est disposé ; lorsque l'on veut venir y piper, on n'a plus qu'à garnir de gluaux les branches de l'arbre et les plians. Quoiqu'il soit assez indifférent de placer les gluaux, en commençant par l'arbre ou par les plians, cependant les pipeurs expérimentés suivent la méthode ci-après. Aux pipées du matin, ils commencent à tendre l'arbre, et ensuite les plians ; et, le soir, ils font le contraire. Pour détendre, ils commencent toujours par l'arbre à quelque heure que ce soit. Voici les raisons qu'ils en donnent :

Le matin, les oiseaux étant encore aux bois, il faut profiler du crépuscule pour tendre l'arbre, afin de ne pas les effaroucher, puisque, dans cette occasion, le pipeur ne peut pas moins faire que de se montrer, et que, s'il attendait que la lumière rendît les objets plus distincts, il ferait fuir tous ceux qui seraient à l'entour ; au lieu que, pour tendre les plians, il peut, avec précaution, se dérober à l'inquiète méfiance des oiseaux qu'il veut surprendre.

Le soir, on tend l'arbre le dernier, parce que, toute la tendue devant être terminée au moins une heure avant le coucher du soleil, celui-ci, quand on commence à tendre, est encore assez élevé pour que sa chaleur nuise aux gluaux qui y resteraient exposés pendant que l'on garnirait les plians ; opération qui exige d'une heure à une heure et demie. Les plians, au contraire, qui sont beaucoup plus abrités que l'arbre de pipée qui, comme nous l'avons dit, doit dominer tous les taillis environnans, exposent moins aux rayons du soleil les gluaux que l'on y place.

On commence par détendre l'arbre tant le matin que le soir ; le matin, parce qu'à l'heure où finit la pipée, le soleil pouvant nuire aux gluaux, il faut les retirer le plus tôt possible ; et, le soir, parce qu'il est plus dangereux pour le pipeur de détendre dans l'obscurité l'arbre sur lequel il doit monter, que les plians qu'il peut atteindre de plein pied ; il doit donc profiter du crépuscule pour ôter les gluaux de l'arbre, et ne pas attendre que la nuit soit obscure, parce que, dans ce cas, il serait plus prudent de ne le faire que le lendemain matin. Nous observerons ici que toutes ces précautions sont peu importantes. D'abord, parce que, dans une grande pipée, il faut se réunir pluseurs pipeurs pour la tendre et travailler à la fois, autrement on n'aurait jamais fini à temps.

Revenons à la manière de placer les gluaux. On se rappelle que nous avons dit que la glu doit les couvrir jusqu'à quatre pouces environ du gros bout qui reste net, pour que l'oiseleur puisse les manier sans se poisser les mains , et que ce gros bout est taillé en coin et durci au feu. Lorsque le pipeur veut tendre l'arbre, muni de son carquois qui renferme ses gluaux, il monte sur l'arbre au moyen de son échelle de corde , et, arrivé à la cime, il commence par tendre les branches supérieures et ensuite les autres, toujours en descendant. Il place dans chaque entaille le coin qui termine le gros bout de son gluau, de façon que ce dernier soit soutenu obliquement, et que la branche tendue offre à peu près la disposition des arrêtes qui garnissent un des côtés de l'épine dorsale d'un poisson. Les plus grands gluaux sont placés sur l'arbre ; les autres sur les plians où on les couche davantage, quoiqu'en les arrangeant de la même manière ; en général, chaque gluau doit couvrir un tiers de celui sur lequel il est couché. Toutes les pipées ne sont pas disposées de cette manière. Dans le plus grand nombre, on se contente seulement de tendre un arbre dont on utilise le plus de branches possible, et alors on place la loge au pied de l'arbre ; on néglige , dans ce cas, de pratiquer des avenues droites , et l'on se contente d'éclaircir les alentours de la loge. Cette pipée cause moins de dégâts dans un taillis, et n'exige pas autant de personnes pour la tendre. Nous avons cru cependant devoir décrire la pipée en grand, parce que , quand on peut beaucoup , il est facile de restreindre ses moyens.

Observations générales sur la méthode à suivre pendant la pipée. — Le plus difficile n'est pas dans les préparatifs de la pipée , mais bien dans la manière de la rendre productive. Quoique ce soit sur le fait même qu'il est préférable d'étudier les modèles que la nature présente, nous allons essayer de donner l'idée la plus précise qu'il nous sera possible, de ce que doit faire le pipeur, lorsque, tous ses préparatifs achevés, il rentre dans la loge avec ses aides et les personnes auxquelles il a voulu donner cette récréation.

Le pipeur et les personnes admises à l'aider doivent être vêtus d'étoffes à couleurs sombres, pour être moins facilement aperçus des oiseaux. Un profond silence doit être religieusement observé. Si l'on procure cette récréation aux dames, il faut les établir dans une loge à une soixantaine de pas de celle du pipeur; de là, elles pourront tout voir, et ne seront pas tenues à un silence aussi profond, ce qui, comme on sait, n'est pas aisé à obtenir.

Le pipeur commence par frouer doucement à l'aide de la feuille de lierre, et, imitateur parfait des différens tons que la colère et la crainte donnent aux cris des petits oiseaux, il exprime d'abord ceux de ces derniers, parce qu'il sait que les plus faibles appellent les plus forts, par un instinct secret de la nature qui leur fait connaître l'inégalité de leurs forces. Les oiseaux, attentifs à ces premiers sons, ne tardent point à y répondre; aussitôt le pipeur fait entendre quelques légers cris de la chouette, au moyen de l'appeau ou de l'herbe à piper. Peu à peu les sons qu'il tire de la feuille de lierre deviennent plus forts et plus précipités, les cris de la chouette qu'il entremêle deviennent aussi plus aigus; il s'agit de peindre le moment où les oiseaux s'enhardissent à attaquer leur ennemie, et où celle-ci cherche à les faire fuir en les menaçant par ses cris. Si on avait alors quelques oiseaux vivans, il faudrait les faire crier, ce qui anime ceux de leur espèce, et en fait venir d'autres. On a remarqué que la rouge-george, qui fait peu de bruit, attire presque toutes les espèces; que le pinson attire les grosses et petites grives, les merles, geais et pies, et qu'enfin les geais font accourir les pies, outre leur espèce congénère.

Cependant, à défaut d'oiseaux vivans, le pipeur contrefait en frouant les cris de quelques-uns d'eux, surtout des geais et des merles. Lorsqu'il s'aperçoit qu'ils sont en foule autour de la loge, pour ne pas les rebuter et leur promettre une victoire plus facile, il fait entendre plus rarement les cris de la chouette et d'une manière plus faible et plus lugubre; alors les oiseaux tombent de toutes parts, chacun pense que l'ennemi va succomber, et, cherchant à le découvrir pour achever sa défaite, voltige sans cesse de branche en branche et rencontre les funestes gluaux. Quelques pipeurs conseillent de casser la cuisse à une chouette, et de tourner de temps en temps l'os fracturé. La douleur qu'éprouve cet oiseau est telle, qu'il fait entendre des cris lamentables; c'est alors que la pipée devient productive, et que la terre se couvre d'oiseaux qui se précipitent à l'envi. Ce succès a valu à ce moyen le nom de la *pièce de victoire;* mais il n'est pas toujours possible de se procurer une chouette pour chaque pipée, et l'on réussit sans employer ce moyen barbare.

Les rouge-gorges, les roitelets, les mésanges sont les premiers à répondre au frouement; c'est alors que l'on imite le cri de la chouette; les premiers coups de l'appeau doivent avoir une demi-minute d'intervalle, ensuite on pipe et on froue alternativement. Bientôt paraissent les pinsons, les geais, les merles, les grives, les draines, les pic-verts, les fauvettes, les verdiers, bruans, moineaux, rossignols, gros-becs, etc.; les corbeaux, plusieurs des oiseaux de proie diurnes et nocturnes, et généralement toutes les espèces qui se perchent et répondent à l'appeau. On n'y prend que très-rarement des ramiers, des tourterelles, linottes, chardonnerets, etc. Au surplus, en parlant particulièrement de chaque oiseau, nous indiquerons ceux qui donnent à la pipée.

Lorsque l'on est satisfait du succès que l'on a obtenu,
ou que l'heure de finir est arrivée, les chasseurs sortent
de la loge et vont ramasser les prisonniers ; il est rare qu'il
s'en échappe, car ils s'entortillent tellement dans les gluaux
qu'ils ne peuvent souvent faire aucun mouvement. Il est bon
aussi de se méfier de certains oiseaux qui pincent très-serré.
Si on veut en faire crier pendant la pipée, on ramasse les
plus à portée, on leur casse une mandibule du bec, et on
leur retrousse les ailes sur le dos. Ce moyen n'est pas souvent nécessaire ; car les prisonniers qui se débattent à terre
avec les gluaux, font entendre assez de cris pour que cela
devienne inutile.

Ceux que l'on veut conserver, par rapport à leur chant
ou à la beauté de leur plumage, sont renfermés dans un
un filet fait en forme de sac.

Comme il arrive souvent que les oiseaux pris à la pipée,
et que l'on désire conserver, ont leur plumage tout taché de
glu, voici le moyen de détacher celle qui s'y est attachée :

On saupoudre de cendres et de sable tamisés la partie
du plumage qui est engluée, et on laisse l'oiseau une nuit
dans cet état. Le lendemain, on bat deux jaunes d'œuf, et
on en couvre l'endroit endommagé avec le bout d'une
plume. Cet appareil doit rester le jour et la nuit suivante.
Le lendemain, on graisse le plumage avec une mixture de
beurre et de lard fondus ensemble ; trois ou quatre heures
après, on le lave avec de l'eau tiède, on l'essuie ensuite
avec un linge doux et propre, et l'oiseau est parfaitement
déglutiné.

En terminant cet article, nous observerons à nos lecteurs que l'on ne doit pas piper au même endroit plus d'une
fois en huit ou dix jours. Il paraît que ce temps est nécessaire pour effacer, chez les oiseaux, le souvenir de la dernière pipée ; et l'expérience prouve que, si l'on pipe avant

cet intervalle, ils ne donnent que très-difficilement dans le piége. On a même remarqué des geais qui contrefaisaient la chouette aussi bien que le pipeur, et cela, pour l'avoir entendu trop souvent, et semblaient ainsi se jouer de l'inutilité de sa ruse.

Il faut donc avoir plusieurs emplacemens, assez éloignés les uns des autres, pour y piper alternativement, et ne jamais se livrer à cette chasse quand on entend un autre pipeur, parce que ce serait peine perdue.

〰〰〰〰

Section II.—De la chasse a l'arbret.

Cette chasse se fait avec les gluaux comme la pipée, et sert principalement à prendre les oiseaux qui n'y donnent pas, tels que les bouvreuils, linottes, chardonnerets et tarins. On la nomme *chasse à l'arbret,* parce qu'on y emploie un jeune arbre ébranché, ou une forte branche assez rameuse pour être disposée convenablement. La branche, destinée à cet usage, doit avoir environ six pieds; sa partie inférieure est taillée en pointe pour être plantée en terre. La tête, suffisamment garnie de rameaux, est ébranchée de manière cependant à ce qu'il reste auprès du tronc un petit prolongement ou mentonnet formé de la naissance de chaque branche. Ces prolongemens ou mentonnets sont destinés à recevoir autant de bouts de sureau pleins de leur moelle. Ces bouts de sureau, auxquels on donne le nom de *dés,* ont une longueur d'un demi-pouce; on les implante sur l'excédant des branches à l'aide de la moelle qu'ils renferment. Ces dés sont destinés à supporter les gluaux.

Les gluaux, que l'on emploie pour tendre l'arbret, doivent avoir de six à sept pouces de long, et être plus gros que ceux pour la pipée, où il est essentiel qu'ils paraissent à peine, tandis qu'à cette chasse ils doivent être très-apparens pour présenter aux oiseaux un point d'appui qui les engage à s'y poser. Du reste, ces gluaux sont semblables aux autres, excepté qu'ils doivent être englués plus fortement jusqu'à trois pouces de la plus grosse extrémité qui est taillée en pointe pour être implantée dans la moelle des dés. Tout l'art qu'exige la tendue de l'arbret consiste à placer les gluaux de manière qu'au moindre attouchement d'un oiseau, ils tombent et l'entraînent avec eux.

Pour attirer les oiseaux sur l'arbret, on se sert d'appelans, et de perchans ou moquettes. *Voyez* page 131, article *Appelans.*

Les appelans sont placés à terre dans des cages comme celle fig. 3, pl. XXXIV. On en a trois ou quatre que l'on dispose autour de l'arbret, à dix pas environ. Quant aux perchans ou moquettes, on en a également trois ou quatre de différentes espèces qui, placés à terre sur des sanglots, s'agitent suivant la volonté du chasseur qui, pour les faire voler, tire la lignette qui tient aux sanglots, et communique à la loge où il s'est établi.

On pratique cette chasse principalement au printemps et en automne, mais toujours le matin.

On a soin de planter l'arbret sur le passage des oiseaux, tel qu'entre deux vergers, aux environs d'une chenevière, et sur la lisière des bois.

Dans le midi de la France on fait une chasse à l'arbret et au fusil. Sa saison est de la fin de septembre à celle d'octobre. L'emplacement que l'on choisit est ordinairement une vigne, parce que les grives et merles que l'on se propose d'y tuer fréquentent volontiers ces endroits. On plante un petit bouquet de jeunes arbrisseaux qui conservent leur verdure, et, au milieu, un arbre, qui s'élève de quinze à vingt pieds; l'amandier, dont la feuille petite ne cache pas les oiseaux, est ordinairement employé à cet usage; cependant on peut le remplacer par un arbret dépouillé de feuilles. Dans le bouquet d'arbrisseaux qui entoure cet arbre, on place plusieurs cages d'appelans qui renferment des grives et autres oiseaux. A quelque distance, on creuse la terre d'environ trois pieds, et on établit une cabane avec des rameaux qui dépassent d'autant le niveau du sol. Le chasseur, armé d'un fusil à deux coups, se tapit dans cette cabane d'où il fait feu, par les ouvertures qui y sont pratiquées, sur tous les oiseaux qui, attirés par les appelans, viennent se poser sur l'arbret. Cette chasse dure depuis l'aurore jusqu'à sept ou huit heures du matin. Elle est très-productive, et on peut y tuer plusieurs douzaines de grives.

SECTION III.—CHASSE AUX ABREUVOIRS.

On appelle *abreuvoir*, en termes d'oisellerie, tous les lieux où quelque eau de source ou dormante offre aux oiseaux un endroit commode pour s'y désaltérer ou s'y baigner.

La situation d'un abreuvoir est d'autant plus favorable, que les environs sont abrités, tranquilles, éloignés du passage des hommes et des bestiaux, et qu'il existe à proximité des vignes ou des champs ensemencés. Plus la saison est sèche, plus la chasse aux abreuvoirs présente de chances heureuses. C'est le contraire dans une campagne trop arrosée, ou à la suite des pluies, parce qu'alors les oiseaux trouvent à se désaltérer partout.

C'est ordinairement à l'époque de la canicule que l'on essaie cette chasse. Alors les dernières couvées sont finies. Plus tôt, ce serait porter la désolation parmi les jeunes familles, et nuire à la propagation des espèces ; comme elles ont toutes à remplir les fonctions que la nature leur a assignées, on doit veiller à seconder ses vues bienfaisantes. Quoiqu'à cette époque, où les oiseaux boivent plus souvent, il soit possible de tendre un abreuvoir avec quelques avantages à toute heure de la journée, néanmoins on doit préférer le matin de neuf à onze heures, ensuite de deux à trois heures, et, enfin le soir, une heure avant le coucher du soleil. C'est surtout cette dernière époque qui paraît la plus convenable, parce que les oiseaux, altérés par la nourriture qu'ils ont prise dans la journée, viennent en foule à l'abreuvoir avant d'aller chercher leur gîte au bois. Aussi, lorsqu'une mare ou une source un peu étendue se trouve près de la lisière d'une forêt, l'oiseleur doit regarder cette position comme une bonne fortune.

On fait usage à cette chasse d'un grand nombre de piéges. Les gluaux, les collets de toutes espèces, les nappes et la pince d'Elvaski y sont principalement employés, suivant les circonstances, et les oiseaux que l'on sait fréquenter le canton.

Lorsque l'eau qui forme l'abreuvoir provient d'une source ou d'un petit ruisseau, il convient, pour rendre l'emplacement plus favorable, d'élargir, en forme de bassin, l'endroit qu'on a choisi, et de couvrir avec des petites branches et de la paille l'eau qui l'alimente et qui s'en échappe. Cette opération a lieu quelques jours avant de venir chasser, afin d'habituer les oiseaux à se désaltérer à l'eau du bassin que l'on a préparé, et que l'on se propose de tendre. Lorsque c'est une mare que l'on a choisie, il faut avoir soin de la tendre tout autour, et de n'y laisser aucun endroit abordable dégarni de piéges.

Voici l'aperçu de la manière dont se tend l'abreuvoir : on plante tout autour une haie de gluaux, préparés comme nous l'avons indiqué page 101, excepté que le gros bout, au lieu

d'être taillé en coin, l'est en pointe pour entrer plus facilement en terre. On les incline un peu les uns sur les autres,
afin que les oiseaux marcheurs ne puissent point passer sans y
toucher. L'auteur de l'*Aviceptologie* conseille de remplacer
cette haie de gluaux par des aiguillées de fort fil de Bre-
tagne englué, soutenues, à deux pouces de terre, de deux
pieds en deux pieds, par des piquets qui y sont enfoncés, et
auxquels on les attache. Ce procédé, que l'on peut cependant employer, n'est pas aussi commode que les gluaux, et
retient moins bien les oiseaux qui y touchent.

Pour prendre ceux qui ont l'habitude de se percher, on
plante de distance en distance des baguettes de trois à
quatre pieds de hauteur; on les garnit de gluaux, comme
les plians des avenues de la pipée; mais, au lieu de faire des
entailles à ces baguettes qui sont trop faibles pour les supporter, on fend un peu le gros bout du gluau, et on le fait
tenir au moyen de cette fente. On fait ces baguettes avec
des branches d'arbre, auxquelles on laisse quelques feuilles
au bout pour inspirer plus de confiance aux oiseaux. On emploie encore, dans le même cas, toutes les espèces de rejets,
suivant les oiseaux que l'on espère prendre; on les pique
en terre, au bord de l'eau, de distance en distance, et on a
soin de disposer la marchette de manière à offrir aux oisillons
un juchoir commode d'où ils puissent atteindre l'eau.

Lorsque l'abreuvoir est dans le voisinage d'un bois, il
convient d'en garnir les issues avec des collets à piquet et
traînans, pour les oiseaux marcheurs, et, avec des collets
pendus et des volans, pour ceux qui viennent en voltigeant
de branche en branche. On peut également tendre quelques
pinces d'Elvaski, si des oiseaux d'eau fréquentent cet endroit.

L'abreuvoir ainsi tendu, quoique tous ces piéges n'aient
pas besoin d'être réunis à la fois, l'oiseleur, qui s'est pratiqué une loge avec des branchages, ou qui a profité de la

proximité du bois pour s'y établir de manière à tout voir sans être vu, a constamment l'œil sur sa tendue, et trouve bientôt de l'occupation pour ramasser les prisonniers et rétablir les garnitures qu'ils dérangent en se débattant.

Cette chasse exige beaucoup de silence, et présente assez d'avantages. On y prend un grand nombre d'espèces d'oiseaux, tels que ramiers, tourterelles, geais, pies, pics-verts, grives, merles, grosbecs, pinsons, verdiers, linottes, chardonnerets, moineaux, ortolans, mésanges, rossignols, bouvreuils, rouge-gorges, fauvettes, pouliots, roitelets, etc.

On emploie encore avec succès, à cette chasse, des nappes semblables à celles aux alouettes, mais appropriées au terrain; c'est-à-dire, d'une longueur et d'une largeur proportionnées à l'étendue de l'abreuvoir sur lequel on veut les faire jouer. On les tend de la même manière que les nappes à alouettes, *voyez* p. 43, en observant que les lisières intérieures des filets soient tendues au bord de l'eau, et que l'abreuvoir soit l'intervalle que les nappes doivent couvrir en s'abattant. On se sert d'appelans et de deux ou trois coureurs. *Voyez* l'article *Appelans*, p. 131. On prend avec ces nappes une foule d'oisillons que l'on a le plaisir d'avoir vivans, et dont le plumage est moins gâté que celui des oiseaux pris aux gluaux.

Quelquefois la disposition du terrain ne permet pas de tendre les nappes vis-à-vis l'une de l'autre; alors on les tend sur une seule ligne, comme nous l'avons indiqué p. 46.

SECTION IV. — CHASSE AUX PETITS OISEAUX AVEC LES NAPPES.

C'est la chasse favorite des oiseleurs, parce qu'elle leur procure une foule de jolis oiseaux destinés à peupler les volières, ou dont la chair délicate en fait un mets recherché. La plupart des oiseaux insectivores, qui sont essentiellement de passage, sont victimes de ce piége; mais ce n'est pas eux seulement que cette chasse atteint; une foule d'oiseaux granivores tombent également au pouvoir du chasseur.

Cette chasse a deux époques principales; la première dure du 1er avril au 15 mai, et la seconde du 15 septembre au 10 novembre. C'est le temps des passages du printemps et de l'automne. On y prend des fauvettes, rouge-gorges, traquets, tariers, becfigues, ortolans, loriots, pinsons, proyers, verdiers, grosbecs, alouettes, bergeronnettes, hochequeues, lavandières, linottes, sizerins, bouvreuils, moineaux, etc., tant à leur départ qu'à leur retour. On peut encore, pendant l'hiver, essayer cette chasse; mais il faut alors aller chercher les oiseaux dans les lieux qu'ils ont choisis pour passer la mauvaise saison, et l'on ne trouve plus d'ailleurs la plupart des insectivores qui, à cette époque, n'habitent plus nos contrées. Les espèces que l'on peut prendre se réduisent à celles des moineaux, linottes et sizerins. On rencontre cependant encore quelques bouvreuils, loriots, grosbecs, etc.

Le succès de cette chasse dépend principalement des appelans et des perchans que l'on y emploie. *Voyez* l'article *Appelans*, p. 131.

Du 1er avril au 15 mai on tend les nappes dans les terres en friche; les oiseaux y donnent de préférence pour y manger les graines de mouron, senneçon, etc. En automne c'est dans les chaumes qu'il faut tendre, parce que les oiseaux y trouvent encore des grains tombés des épis, pendant la moisson.

Les nappes que l'on emploie à cette chasse sont les mêmes que celles pour les alouettes, mais les mailles n'ont que neuf lignes de diamètre; elles se montent et se tendent de la même manière.

Pour tendre les filets, il faut toujours se régler sur le vent, il importe de ne jamais l'avoir derrière soi, mais toujours devant, à droite ou à gauche. Lorsque les nappes sont tendues, l'oiseleur plante, moitié à gauche, moitié à droite, des piquets dont la partie supérieure forme la fourche, pour accrocher les cages d'appelans ; ces piquets, que l'on nomme *fourchettes*, sont placés, les plus petits près des nappes, et les plus grands près de la forme qu'il a préparée pour s'asseoir, en creusant la terre pour faire un point d'appui à ses pieds, et la relevant sous lui pour en former un siége. Il place ensuite entre les nappes quatre *sanglots*, auxquels il attache une linotte, un bruant, un pinson et un chardonneret. Les lignettes de tous ces sanglots se prolongent jusqu'à la forme, ainsi que la corde de tirage, pour faire jouer les nappes. Dans cet état, le chasseur, ayant placé son égrainoir près de lui, attend l'arrivée de quelque oiseau.

Aussitôt qu'il en paraît un, les appelans de son espèce se font entendre ; le chasseur, attentif, fait voltiger le perchant de son espèce, ou au moins celui qui lui ressemble le plus ; l'oiseau s'approche bientôt, et vient s'abattre entre les nappes que le chasseur ferme aussitôt sur lui. Il court s'en emparer, retend les nappes en observant de ne pas blesser les perchans, place son prisonnier dans l'égrainoir, et attend une nouvelle prise.

Vers l'arrière saison on remplace les perchans par des coureurs, qui trompent mieux la méfiance des oiseaux.

Par un temps de neige on prend encore à cette chasse une assez grande quantité d'oisillons granivores, en balayant la place que doivent couvrir les nappes, et en jetant çà et là entre elles des épluchures de blé, orge ou avoine.

Il ne faut ni pluie ni grand vent pendant cette chasse ; un temps calme, un brouillard doux sont favorables, surtout pendant l'automne.

C'est principalement à cette chasse que l'oiseleur a besoin d'avoir un équipage complet; pour connaître les objets qui le composent, il faut se reporter à la p. 151.

Section V.—Des chasses avec le brai.

Ce piége, que nous avons décrit p. 98, et dont la figure se trouve sur la pl. XXVI, est d'un mécanisme fort simple et d'un usage assez fréquent contre les oisillons. On l'emploie principalement en Lorraine, en Bourgogne et dans quelques provinces du midi.

Pour se servir de ce piége il faut se rendre dans les bois, et s'y pratiquer une loge où l'on ne soit pas aperçu, et qui soit éloignée de dix pieds au moins des arbres les plus voisins. On a plusieurs brais dont la poignée a une espèce de fourche, au moyen de laquelle on les fait tenir seuls à un bâton placé horizontalement pour les soutenir, et de manière que rien ne puisse gêner le jeu de leurs branches. Celles-ci doivent se présenter ouvertes en-dehors de la loge, et être tournées de façon que l'oiseau ne puisse se poser que sur la branche G, et ne puisse pas avec ses pattes atteindre l'autre branche; un écartement d'un demi-pouce est suffisant pour cela. Aussitôt qu'un oisillon vient se percher, le chasseur fait fermer les branches du brai, et retient l'oiseau par les pattes ou par les ongles.

Pour s'éviter la peine de se préparer plusieurs loges à l'avance, on peut se servir de la hutte ambulante avec laquelle on se transporte partout où on trouve un poste favorable.

Pour rendre cette chasse plus fructueuse, on peut y frouer : nous avons dit ce que c'était, en traitant de la pipée.

Il est bien aussi d'avoir quelques appelans dont le chant ou les cris ont bientôt attiré autour de la loge différens oiseaux, tels que les pinsons, verdiers, mésanges, fauvettes, grimpereaux, etc., qui entendant frouer, accourent en foule, mus par le même sentiment qui les fait venir à la pipée.

On fait encore, avec le brai et une chouette, une chasse assez amusante aux petits oiseaux.

Une seule personne peut s'y amuser ; elle se procure un panier qu'elle couvre de fougère ou de quelque autre verdure, mais en observant de n'employer aucune branche assez forte pour qu'un petit oiseau puisse s'y poser. Les amateurs de cette chasse se servent de cabanes portatives comme celles que nous avons décrites, p. 154. Il faut, outre cela, être muni de deux brais, quoiqu'on n'en emploie qu'un à la fois, et avoir une chouette que l'on nourrit chez soi, et que l'on conserve pour cette chasse.

Lorsque l'on est arrivé sur la lisière d'un bois, on monte sa cabane, on s'asseoit dessous ; on passe par le trou inférieur une espèce de perche, à l'extrémité de laquelle est une petite palette ronde. C'est là que l'on place la chouette qui y est enchaînée par les pattes. Au-dessus par le second trou on passe le brai ouvert, de manière à offrir un juchoir aux petits oiseaux qui viennent harceler la chouette aussitôt qu'ils l'aperçoivent. Comme ils ne peuvent se poser que sur le brai, la verdure qui couvre la cabane ne leur présentant aucun point d'appui, ils ne manquent pas de le faire ; et le chasseur, qui peut voir ce qui se passe par le trou pratiqué à la toile en face de sa figure, ferme le brai et s'en empare. Lorsqu'il juge qu'il est resté assez long-temps dans un endroit, il transporte plus loin tout son équipage, et recommence de la même manière. Quoique cette chasse ne paraisse qu'un enfantillage, on ne laisse pas d'y prendre une assez grande quantité de toutes sortes d'oisillons, même des merles, et quelquefois des geais.

~~~~~~~~~~

SECTION VI. — DE LA CHASSE AUX PETITS OISEAUX AVEC LA CHOUETTE.

Cette chasse, comme la pipée et celle que nous venons de décrire, est fondée sur l'antipathie des oiseaux des bois contre la chouette.

On a une chouette que l'on nourrit chez soi, et que l'on habitue à se tenir à terre sur un sanglot, où on l'attache au moyen d'une petite chaîne qui la tient par les pattes. On dispose plusieurs plians pour recevoir des gluaux, et on se rend sur la lisière d'un bois. Les heures les plus favorables sont le matin au crépuscule du jour, et le soir un peu avant le coucher du soleil. Les époques de l'année qui offrent le plus de chances de succès, sont celles des passages au printemps et à l'automne.

Arrivé sur le terrain, on place la chouette sur son sanglot, et on pique, à l'entour, des plians de différentes hauteurs, que l'on garnit de gluaux semblables, pour la longueur, à ceux que l'on emploie à la chasse à l'arbret, mais dont le gros bout est taillé en coin pour tenir dans les entailles pratiquées aux plians.

Tout cela disposé, le chasseur se cache sur le bord du bois ou sous une cabane portative; et de là, au moyen d'une ficelle qui se prolonge jusqu'au sanglot sur lequel se trouve la chouette, il la force à sautiller. Il peut également frouer au moyen des appeaux qui servent à cet usage. Aussitôt que les oiseaux aperçoivent la chouette,
~~~~~~~~~~

ils viennent en foule, et, ne trouvant que les gluaux pour se poser, ils tombent victimes de leur imprudence.

On prend à cette chasse les mêmes oiseaux qu'à la pipée, et elle offre l'avantage de nécessiter moins d'apprêts. Il est vrai qu'on ne prend pas autant d'individus à la fois; mais on peut transporter aisément son équipage dans les endroits où l'on pense réussir.

SECTION VII. — DES CHASSES QUE L'ON PEUT FAIRE AUX PETITS OISEAUX PENDANT LA NUIT.

Les oiseaux se retirent l'hiver dans les taillis, les haies et les buissons pour s'abriter du froid et des grands vents qui les incommodent. On leur fait, à cette époque, diverses chasses que nous allons passer en revue.

Quelquefois on se sert d'un râfle contre-maillé comme celui que nous avons décrit, p. 32. Il faut alors être au moins quatre personnes : deux pour porter le filet, une troisième armée d'un long bâton pour battre les buissons, et la quatrième pour porter une torche allumée.

Aussitôt qu'il fait nuit, on se rend le long des chemins où se trouvent des buissons ou des haies à l'abri du vent. Les deux personnes qui portent le râfle, le déploient et tirent chacune de leur côté pour le faire tendre; elles s'approchent ainsi du buisson ou de la haie, en tenant le filet élevé. A sept ou huit pieds derrière elles, se place le chasseur, tenant à la main la torche allumée. Celui qui est armé d'une perche passe de l'autre côté du buisson, et, à un signal convenu, il frappe dessus pour effrayer les oiseaux et les faire fuir. Ceux-ci, en se réveillant, aperçoivent la lumière qu'ils croient être le jour; ils volent de ce côté, et se prennent dans les mailles du râfle. On ne s'arrête pas pour les débarrasser du filet, mais on continue de battre tout le buisson en s'y prenant de la même manière. C'est alors seulement qu'on s'empare des prisonniers, et on va ensuite tenter fortune ailleurs.

On doit observer à cette chasse, où l'on prend les petits oiseaux par douzaine, de faire le plus grand silence si l'on veut réussir; autrement, les oiseaux sont réveillés avant que l'on arrive à eux, et ont le temps de reconnaître et d'éviter le piége.

Il faut observer que les nuits les plus obscures sont les plus favorables à cette espèce de chasse, qui réussit d'autant mieux encore que le froid est plus piquant. Comme les oiseaux ont l'habitude de se placer pour dormir la tête du côté du vent, c'est aussi de ce côté qu'il faut présenter le râfle. On peut encore pratiquer cette chasse dans les bois où se trouvent des taillis; mais pour ne pas courir le risque de déchirer le filet, il faut suivre les chemins.

On fait aussi quelquefois cette chasse avec un petit râfle simple, porté par une seule personne. Celle-ci, aussitôt que les oiseaux donnent dans le filet, rapproche les deux bâtons sur lesquels il est monté, et lui fait faire un tour; ensuite elle le pose à terre et prend les oiseaux qui s'y sont embarrassés; il suffit, dans ce cas, d'être trois.

Une personne seule peut s'amuser à prendre des oiseaux la nuit avec des gluaux. Pour cela, elle a un bâton de cinq à six pieds de longueur, et disposé à son extrémité supérieure, pour recevoir le gros bout d'un gluau. On emporte avec soi trois ou quatre douzaines de ces gluaux, que l'on choisit minces et flexibles, et longs de cinq à six pouces. On a une petite torche que l'on porte de la main gauche, entre le doigt du milieu et l'annulaire. Lorsque la nuit est sombre et froide, on se rend sur la lisière des bois, ou le long des buissons abrités. On allume sa torche; et, couvrant un peu la lumière avec la main droite, afin de mieux voir, on examine si l'on aperçoit sur les branches quelque oiseau endormi. Lorsqu'on en voit un, on place un gluau au bout de son bâton, et on le fait toucher au ventre de l'oiseau; celui-ci se réveille pour s'envoler, il agite ses ailes qui se prennent au gluau, et il tombe à terre où l'on s'en empare. On a soin de le tuer aussitôt, afin que ses cris ne réveillent pas les autres.

Lorsque l'on veut rendre cette chasse aux gluaux plus productive, on choisit une branche d'ormeau ayant à son extrémité supérieure plusieurs petits rameaux fins et déliés formant à peu près l'éventail, et que l'on couvre de glu. Il faut être trois personnes; l'une armée d'une perche pour battre les buissons, la seconde qui porte la branche couverte de gluaux, et la troisième ayant une torche allumée. On va également le long des haies et des buissons, sur lesquels frappe le chasseur armé de la perche, les oiseaux volent vers la lumière; et celui qui porte le rameau englué, l'agite rapidement, en tournant, pour occuper plus d'espace, et toucher quelque oiseau; aussitôt qu'il y en a un de pris, il faut s'en emparer et le tuer. Le succès de cette espèce de chasse dépend beaucoup de l'adresse de celui qui porte la branche engluée.

Enfin, on tue encore beaucoup de petits oiseaux, en se servant d'une espèce de palette longue de trois pieds et demi, et terminée comme un battoir, large d'environ quatre pouces. On porte, comme nous l'avons dit tout-à-l'heure, une petite torche allumée entre le doigt du milieu et l'annulaire, pour s'éclairer et apercevoir les oiseaux; aussitôt que l'on en voit un, on frappe dessus avec la palette. Il faut avoir soin de frapper fort, afin que les petites branches que l'on peut rencontrer n'amortissent pas le coup. Cette chasse est connue sous le nom de *pinsonnée.* On peut s'y amuser seul, ou se réunir à quelques autres personnes; mais, dans ce dernier cas, on doit se tenir à vingt pas les uns des autres.

FIN DU TOME PREMIER.

TABLE GÉNÉRALE DES MATIÈRES.

TOME PREMIER.

PREMIÈRE PARTIE.

Pages.

CHAPITRE II.

CHAPITRE III.

CHAPITRE IV.

Pages.

FIN DE LA TABLE DU TOME PREMIER.

www.ingramcontent.com/pod-product-compliance
Ingram Content Group UK Ltd.
Pitfield, Milton Keynes, MK11 3LW, UK
UKHW022343130726
13694UKWH00006B/408